Copyright Notice

No part of this book may be reproduced, or stored in a retrieval system, or transmitted in any form or by any means, electronic, mechanical, photocopying, recording, or otherwise, without express written permission of the publisher.

This book is copyright protected. It is only for personal use, and you may not amend, sell, distribute, use or quote any part or content within this book, without authorisation in writing from the author.

Disclaimer notice: Please note that all information in this book is for educational and entertainment purposes only. Whilst all effort has been taken to create accurate, up-to-date, reliable and complete information, no warranties of any kind are declared or implied.

Readers acknowledge that the author is not engaging in any kind of distribution of advice, including legal, financial, medical or professional advice.

This book's content has been derived from a number of sources. Please consult with a professional before attempting anything in this book.

By reading this book, the reader agrees that under no circumstances is the author nor publisher responsible for any losses, direct or indirect, as a result of the use of the information contained in this book, including but not limited to, errors, omissions or inaccuracies.

# Short Stories in Italian For Beginner Learners

15 Fun Stories to Improve Italian Reading, Confidence, and Cultural Understanding Fast - Even If You're Short on Time

www.MindSmithBooks.com

# Contents

| | |
|---|---|
| Start Here: How to Use This Book | 4 |
| Strong Opinions: Why We're Here | 7 |
| Bonuses: English Story Translations + 1,000 most-used Italian Words | 8 |
| 1. Un pranzo con i suoceri | 11 |
| 2. L'edicola all'angolo | 21 |
| 3. La sagra del tartufo | 30 |
| 4. Il vicino rumoroso | 40 |
| 5. Una gita al lago | 51 |
| 6. La pasticceria elegante | 62 |
| 7. Il cinema d'essai | 73 |
| 8. Il contadino e il turista | 85 |
| 9. Due biglietti per il teatro, per favore | 97 |
| 10. La casa in campagna | 108 |
| 11. Il corso di cucina | 120 |
| 12. Il regalo sbagliato | 130 |
| 13. Passeggiata con il cane | 140 |
| 14. Il barbiere del quartiere | 153 |
| 15. Il gelato in inverno | 167 |
| A-Z Index of Keywords | 182 |
| Verb Conjugations | 198 |

# Start Here: How to Use This Book

**The fastest way to learn Italian (while having fun)**

Benvenuto/a! Welcome. We're glad you're here. Since you've picked up this book, we can tell you're a motivated, self-driven learner who's serious about learning real Italian.

We created this book because we know how hard it can be to find what we like to call *Goldilocks* language materials.

By 'Goldilocks', we mean: **just right.**

Not too difficult, like the news. Not too easy, like kids books. And - *critically* - not boring.

Having learned Italian ourselves, we came across lots of materials that were just not quite right.

Some were too boring - "*Marco goes to the bank*". Some weren't culturally relevant - just the same stories translated across multiple language books. Others were too easy, too dry, or so difficult that they discourage rather than help progress.

We set out to change that by creating short stories that are relaxing and fun to read, but also still challenging.

We've also added a lot of tools that we think are unique. We'll talk about those next.

## How This Book is Organized

### Culturally Relevant, Fun, Interesting Stories
After this introduction, you'll find 15 stories. Each story drops you into authentic Italian scenarios.

Want to charm a Tuscan farmer? Navigate a truffle festival in Umbria? Handle an awkward gift mix-up in Venice? You'll be ready.

Going to the theatre, discussing the finer elements of gelato, and Italian cooking courses - all this and more is coming up.

### Levelling up: Tools In the Stories
Within each story, you'll notice a few tools baked-in.

**Keywords right where you need them:** With most books, to look up a keyword, you need to flip forward 20-50 pages to find it at the end of the chapter - or even worse, the end of *the book*! - then flip back to where you were reading.

This can really slow things down, so we've set out to change that by including **keywords in the margins**. This doesn't intrude on your reading, but if you get stuck on a word, you can find it quickly in the margin, understand it, then move on.

Of course, not *every* word is included in the margin - that wouldn't be practical. So it'll still be useful to have a dictionary handy to look up any additional words you don't know. But the most difficult vocab will be right at your fingertips.

*Note for true language nerds:* You'll notice some vocabulary is nuanced with italics. In cases where TWO words are mentioned, one might be in Italics. Why? So you know which is which.

Example:
   **coniglio *arrosto*** – *roasted* rabbit

Here, we use italics to show which word is which. You know that '*arrosto*' means 'roasted'. The italics is the link.

**Vocab Checker:** At the end of each chapter, you'll find a vocab list for quick reference and revision. Words are listed in the order they're mentioned throughout the story.

**Chapter summary:** You'll find a summary in both Italian and English after each story. Use these to make sure you got the gist of each story, even if you didn't understand every word.

**Question and Answer:** Lastly, you'll find 5 rapid-fire multiple-choice questions to make sure you've understood the key points. Answers are at the end.

### Easy Revision: Solidifying Your Learning
At the end of the book, you'll find an alphabetized index of *all the keywords* mentioned throughout the book.

Last but not least, you'll find a list of all the *verbs* listed throughout the book, with their basic conjugations. Why? We didn't want to slow your reading by breaking down verbs or changing them into their regular (infinitive) forms, so we left them as-is in the stories themselves.

But sometimes it's useful to know infinitive verb forms and how they're conjugated - so you can use these handy tables at the end of the book for that. These are also listed alphabetically.

# Strong Opinions: Why We're Here

**What this book is, and what it isn't**
This book is designed as a fun way to **drastically improve your knowledge of Italian**, help you prepare to have real Italian conversations, and act as a cultural immersion without leaving your living room.  You'll learn new words, new concepts, and understand more about Italy.

What it's *not*, is a grammar textbook.  There are already dozens of excellent books covering Italian grammar.  We provide the tools to understand grammar basics, but above all: *this book is to increase your exposure to Italian.*

It's so you have enjoyable material to read at your own pace, in your own way.  The goal is *not* to understand every single word, nuance and piece of grammar.  It's to keep learning Italian, and keep the snowball rolling towards fluency.  For that reason, you won't find full translations into English for each story within the book, **but** you can download them for free on our companion site.

We encourage you to try reading in Italian first; then reference the translations if you need. See the next "bonus" section.

# Bonuses: English Story Translations + 1,000 most-used Italian Words

Claim your <u>free</u> downloads:

**PDF Translations** – Full English translations for <u>every</u> story in the book

**1000 most-used Italian words** – A full list of the most critical Italian words you need to know to feel confident.

Get instant access at: **bonus.MindSmithBooks.com/IT** - or scan this QR code:

*Why isn't this included in the book?* Two reasons:
(1) It would double the book's size, and
(2) Having the translations too easily accessible can become a crutch. Challenge yourself to read the Italian first, then use the translations to check your understanding.

**What makes this book different?**
This book was designed by our team who have been learning languages for over 30 years. We speak Italian, and are still actively learning. As far as we know, no other Italian short story book has keywords in the margins to speed up learning; and most other books and materials we found were either not culturally relevant, too hard, too easy, or just plain boring.

We know we're biased, but we've tried to create something unique: a concise, fun and useful book that will help you drastically improve your Italian, reading fluidly without the frustration, and come out with real, tangible improvements at the end.

This book solves the "Goldilocks problem" – finding material that's calibrated to your level while being genuinely engaging.

**Every story is authentically Italian:**
- Ordering at a *gelateria* in winter (yes, Italians do this)
- Meeting future in-laws over Sunday *pranzo* in Perugia
- Getting lost in the Puglian countryside and connecting with a local *contadino*
- Navigating the social dynamics of an Italian barbershop
- Discovering Italians' passion for *cinema d'essai*
- And many more.

You'll recognize these situations because they reflect real Italian life. When you encounter similar scenarios in Italy, you'll have the vocabulary, cultural context, and confidence to engage naturally.

## Your Mission - Should You Choose to Accept It

Don't try to understand every single word. Don't stress about perfect comprehension. Your goal: Read for the story. Let the vocabulary and cultural understanding build naturally. Use the tools when you need them, but keep the momentum going.

Think of it like building strength – you don't analyze every muscle fiber during a workout. You focus on the movement, trust the process, and watch your muscles grow.

## Ready?

Grab a coffee (or espresso, if you're feeling authentically Italian), get comfortable, and prepare to dive into the real Italy – not the sanitized, textbook version, but the Italy where people eat gelato in winter, where neighborhood barbers give life advice along with haircuts, and where a simple dog walk can turn into an unexpected friendship.

We hope you enjoy the book as much as we enjoyed making it.

*Andiamo!* Let's get started.

# 1. Un pranzo con i suoceri

Lunch with the In-Laws

Valerio guarda l'**orologio** per la quinta volta in dieci minuti. È domenica mattina e tra un'ora incontrerà i **genitori** della sua **fidanzata**, Giulia. È la prima volta che li vede e sono venuti **appositamente** da Roma a Perugia per conoscerlo. Giulia ha organizzato un **pranzo** a casa sua.

—Valerio, stai tranquillo, dice Giulia mentre **sistema** i fiori sul tavolo. I miei genitori sono molto **simpatici**.

—Lo so, ma voglio fare una buona **impressione**, risponde Valerio. Ho comprato anche una **bottiglia** di vino rosso per tuo padre.

orologio - clock

genitori - parents

fidanzata - girlfriend

appositamente - especially

pranzo - lunch

sistema - organises / sets up

simpatici - nice, likeable

impressione - impression

bottiglia - bottle

Valerio è nervoso perché sa che i genitori di Giulia sono persone molto educate e formali. Lui viene da una famiglia più **semplice** e teme di non sapere come **comportarsi** durante un pranzo formale italiano.

Alle 12:30 **suona** il **campanello**. Valerio si sistema la cravatta e respira profondamente.

—Ciao mamma, ciao papà! Esclama Giulia aprendo la porta.

I genitori di Giulia entrano nell'appartamento. La madre, una donna elegante con i capelli grigi, **abbraccia** subito la figlia. Il padre, un uomo alto con gli **occhiali**, porta un **pacco** di dolci.

—Buongiorno, mi chiamo Valerio, è un piacere conoscervi, dice Valerio offrendo la mano.

—Il piacere è nostro, risponde il padre di Giulia con un *sorriso* gentile. Io sono Roberto e questa è mia **moglie**, Francesca.

Francesca **osserva** Valerio con attenzione e poi sorride.

—Giulia ci ha parlato molto di te. Sono contenta di conoscerti finalmente.

**semplice** – simple

**comportarsi** - behave

**suona** – rings

**campanello** - bell (/doorbell)

**abbraccia** – hugs

**occhiali** - glasses

**pacco** – package

*sorriso* gentile – kind *smile*

**moglie** - wife

**osserva** – observes

Chapter 1: Un pranzo con i suoceri

Valerio offre il vino a Roberto, che lo **apprezza** molto. Questo primo contatto **sembra** andare bene.

Giulia invita tutti a **sedersi** a tavola. Ha preparato un pranzo tradizionale italiano completo: antipasto, primo, secondo con contorno, frutta e dolce.

—Cominciamo con gli **antipasti**, dice Giulia **portando** un piatto di salumi e formaggi.

La conversazione inizia con domande semplici. Roberto chiede a Valerio del suo lavoro e Valerio risponde con attenzione, cercando di usare un italiano corretto.

—Lavoro come architetto in uno studio del centro. Mi **occupo** principalmente di **ristrutturazioni**.

Francesca sembra interessata e fa molte domande. Valerio si rilassa un po' mentre parlano del suo lavoro.

Dopo gli antipasti, Giulia porta il primo piatto: pasta fatta in casa con **funghi** porcini.

—È una **ricetta** di mia nonna, spiega Giulia.

---

**apprezza** – appreciates

**sembra** – seems to

**sedersi** – to sit down

**antipasti** – appetizers

**portando** – bringing

**occupo** – I deal with/look after

**ristrutturazioni** – renovations

**funghi** – mushrooms

**ricetta** – recipe

—Deliziosa, commenta Francesca **assaggiando** la pasta. Giulia ha sempre avuto talento in cucina.

Valerio mangia con gusto, facendo attenzione a non fare errori con le **posate** o a parlare con la bocca piena. Tutto procede bene fino a quando Giulia annuncia il secondo piatto.

—Per secondo ho preparato una **sorpresa**.

Giulia torna dalla cucina con un piatto di *coniglio* arrosto. Valerio diventa **pallido**.

*Oh no, è coniglio. Non mangio coniglio da quando avevo un coniglio come animale domestico da bambino.*

Valerio non sa cosa fare. Non vuole essere **maleducato**, ma proprio non riesce a mangiare coniglio.

Roberto nota il suo **disagio**.

—C'è qualche problema, Valerio?

Valerio esita, poi decide di essere onesto.

| | |
|---|---|
| **assaggiando** - tasting | |
| **posate** - cutlery | |
| **sorpresa** - surprise | |
| *coniglio* arrosto - roasted *rabbit* | |
| **pallido** - pale | |
| **maleducato** - rude | |
| **disagio** - discomfort | |

—Mi dispiace molto, ma non mangio coniglio. È personale, avevo un coniglio come animale domestico e…

C'è un momento di silenzio. Valerio teme di aver **rovinato** tutto. Ma poi, inaspettatamente, Roberto **scoppia a ridere**.

—Capisco perfettamente! Anche io non mangio cavallo per lo stesso motivo. Da bambino avevo un pony.

La tensione si **scioglie** immediatamente. Anche Francesca sorride comprensiva.

—Non ti **preoccupare**, dice Giulia. Ho preparato anche del pesce, immaginando che non tutti amano il coniglio.

Il pranzo continua in un'atmosfera molto più **rilassata**. Valerio scopre che i genitori di Giulia non sono così formali come immaginava. Parlano di cibo, di viaggi e di Perugia. Francesca racconta storie **divertenti** di quando Giulia era piccola.

Alla fine del pranzo, quando arriva il momento del caffè, Roberto mette una mano sulla spalla di Valerio.

**rovinato** - ruined

**scoppia a ridere** - to burst out laughing

**scioglie** – melts, dissolves

**preoccupare** – to worry

**rilassata** – relaxed

**divertenti** – funny

—Sei un bravo ragazzo, Valerio. Si vede che **tieni** molto a nostra figlia.

Valerio sorride, sentendosi finalmente **a suo agio**.

—Grazie, signor Roberto. È vero, voglio molto bene a Giulia.

Quando i genitori di Giulia partono nel tardo pomeriggio, Francesca **saluta** Valerio con un abbraccio affettuoso.

—Devi venire a **trovarci** a Roma presto.

Dopo che sono partiti, Giulia abbraccia Valerio.

—Visto? Ti avevo detto che sarebbe andato tutto bene.

Valerio **annuisce**, rilassato e contento. La paura del primo pranzo con i **suoceri** è scomparsa, sostituita da una nuova e piacevole sensazione di **appartenenza**.

---

**tieni** – you care

**a suo agio** - at ease

**saluta** – greets/says goodbye to

**trovarci** – visit us

**annuisce** - nods

**suoceri** - parents-in-law

**appartenenza** - belonging

## Lista di vocabolario (italiano - inglese)

orologio - clock
genitori - parents
fidanzata - girlfriend
appositamente - especially
pranzo – lunch
simpatici – nice, likeable
sistema - organises / sets up
impressione – impression
bottiglia – bottle
semplice – simple
comportarsi - behave
suona – rings
campanello - bell
abbraccia – hugs
occhiali - glasses
pacco – package
gentile – kind
osserva – observes
sorriso gentile – kind smile
moglie - wife
apprezza – appreciates
sembra - seems to
sedersi – to sit down
antipasti – appetizers
portando - bringing
occupo – I deal with/look after
ristrutturazioni - renovations
funghi – mushrooms
ricetta – recipe
assaggiando - tasting
posate - cutlery
sorpresa – surprise
coniglio arrosto – roasted rabbit
pallido - pale
maleducato – rude
disagio – discomfort
rovinato - ruined
scoppia a ridere - to burst out laughing
scioglie – melts, dissolves
preoccupare – to worry
rilassata – relaxed
divertenti – funny
tieni – you care
a suo agio - at ease
saluta – greets/says goodbye to
trovarci – visit us
annuisce - nods
suoceri - parents-in-law
appartenenza - belonging

## Riassunto del capitolo (in italiano)
Valerio incontra per la prima volta i genitori della sua fidanzata Giulia durante un pranzo domenicale a Perugia. È molto nervoso perché vuole fare una buona impressione, dato che i genitori di Giulia sono persone formali ed educate.

Durante il pranzo, tutto sembra andare bene fino a quando Giulia serve il secondo piatto: coniglio arrosto. Valerio non mangia coniglio perché da bambino aveva un coniglio come animale domestico. Temendo di essere maleducato, confessa il suo problema, ma scopre con sollievo che il padre di Giulia lo capisce perfettamente, raccontando di avere lo stesso problema con la carne di cavallo.

Questo momento di sincerità rompe il ghiaccio completamente, e il pranzo continua in un'atmosfera molto più rilassata. Alla fine della giornata, i genitori di Giulia mostrano di apprezzare Valerio e lo invitano a trovarli a Roma, facendolo sentire accettato nella famiglia.

## Chapter Summary (in English)
Valerio meets his girlfriend Giulia's parents for the first time during a Sunday lunch in Perugia. He is very nervous because he wants to make a good impression, as Giulia's parents are formal and well-mannered people.

During lunch, everything seems to go well until Giulia serves the main course: roasted rabbit. Valerio doesn't eat rabbit because as a child he had a rabbit as a pet. Afraid of being rude, he confesses his problem, but discovers with relief that Giulia's father perfectly understands, explaining that he has the same issue with horse meat.

This moment of honesty really breaks the ice, and lunch continues in a much more relaxed atmosphere. By the end of the day, Giulia's parents show their appreciation for Valerio and invite him to visit them in Rome, making him feel accepted into the family.

## Controllo di comprensione

1. Dove si svolge il pranzo?
    a) A Roma
    b) A casa di Valerio
    c) A casa di Giulia a Perugia
    d) In un ristorante

2. Cosa porta Valerio come regalo per il padre di Giulia?
    a) Un libro
    b) Una bottiglia di vino rosso
    c) Un pacco di dolci
    d) Dei fiori

3. Quale è il secondo piatto che causa un problema a Valerio?
    a) Pesce
    b) Carne di cavallo
    c) Pasta con funghi
    d) Coniglio arrosto

4. Perché Valerio non mangia il coniglio?
    a) È vegetariano
    b) È allergico
    c) Aveva un coniglio come animale domestico
    d) Non gli piace il sapore

5. Come reagisce il padre di Giulia quando Valerio confessa il suo problema?
   a) Si arrabbia molto
   b) Racconta di avere lo stesso problema con la carne di cavallo
   c) Chiede a Giulia di preparare un altro piatto
   d) Resta in silenzio imbarazzato

Risposte: 1-c, 2-b, 3-d, 4-c, 5-b

# 2. L'edicola all'angolo

The Newsstand on the Corner

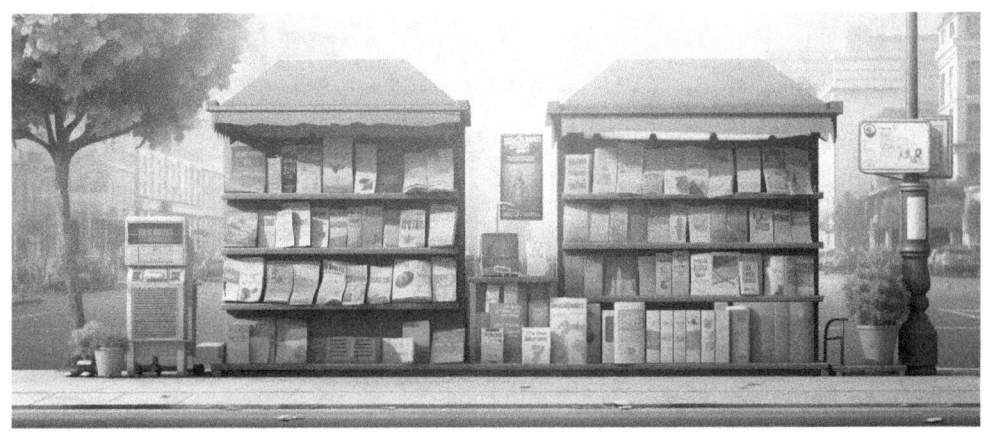

Ogni mattina, alle 7:30 precise, Mirella esce dal suo appartamento nel centro di Torino. Indossa sempre un **cappotto** blu in inverno o una **giacca** leggera in primavera. La sua prima **tappa** della giornata è sempre la stessa: l'edicola all'angolo.

L'edicola è un piccolo **chiosco** verde scuro, pieno di giornali, riviste e cartoline. Il signor Bianchi, il **proprietario**, è un uomo anziano con i capelli bianchi e gli occhiali spessi. **Gestisce** l'edicola da più di quarant'anni e conosce tutti gli **abitanti** del quartiere.

—Buongiorno, signor Bianchi, dice Mirella **avvicinandosi** all'edicola.

**capotto** - coat

**giacca** – jacket

**tappa** – stop

**chiosco** – kiosk, stand

**cartoline** - postcards

**proprietario** – owner

**gestisce** - manages

**abitanti** – inhabitants

**avvicinandosi** - approaching

—Buongiorno, signorina Mirella! Risponde il signor Bianchi con un grande sorriso. **Puntuale** come sempre!

Questa è la loro **routine** quotidiana. Mirella compra il giornale, e loro **scambiano** qualche parola sul tempo, sulle notizie o sulla vita del quartiere.

—Oggi fa più freddo di ieri, osserva il signor Bianchi mentre **consegna** il giornale a Mirella.

—Sì, ho dovuto mettere la **sciarpa**, risponde lei.

Il signor Bianchi ama fare **battute** e usare espressioni torinesi che Mirella, originaria di Napoli ma trasferita a Torino per lavoro due mesi fa, non sempre capisce. Spesso sorride e **annuisce**, fingendo di capire.

—Sa, signorina, oggi il giornale costa come un caffè, ma il caffè dura cinque minuti, mentre il giornale **nutre** la mente per tutto il giorno! Dice il signor Bianchi con un **ghigno** caratteristico.

Mirella sorride. È una delle frasi che ripete spesso. Ha imparato che il signor Bianchi ha un'opinione su tutto, specialmente sulla politica e sul calcio, due **argomenti** che non mancano mai nelle loro **conversazioni mattutine**.

---

**puntuale** – punctual, on time

**routine** – routine

**scambiano** – exchange

**consegna** – delivers, hands over

**sciarpa** – scarf

**battute** – jokes

**annuisce** – nods

**nutre** – nourishes, feeds

**ghigno** – grin

**argomenti** – topics

**conversazioni mattutine** – *morning conversations*

—La Juventus ha perso di nuovo ieri sera, che **disdetta**! Esclama il signor Bianchi mentre sistema alcune riviste.

—Non seguo molto il calcio, confessa Mirella.

—Ah, ma qui a Torino è quasi una religione! Deve scegliere: Juventus o Torino?

Mirella ride e prende il giornale, pagando con i soldi **esatti** come sempre.

Un giovedì mattina, dopo quasi tre mesi di questa routine, il signor Bianchi fa una delle sue solite battute in dialetto torinese:

—*Fa freid come 'nt la ghignera d'un creditor!*

Normalmente Mirella sorride senza capire, ma questa volta, sorprendentemente, scoppia a ridere genuinamente. Finalmente ha capito! In queste settimane ha imparato abbastanza del dialetto locale e sa che il signor Bianchi ha detto "*Fa freddo come nel sorriso di un creditore!*"

Il signor Bianchi la guarda sorpreso e poi sorride compiaciuto.

—Finalmente capisce il nostro modo di parlare! Sta **diventando** una vera torinese!

---

**disdetta** – disappointment, misfortune

**esatti** – exact

**diventando** – becoming

Chapter 2: L'edicola all'angolo

Mirella si sente **orgogliosa**. È un piccolo traguardo, ma significativo.

Da quel giorno, le loro conversazioni mattutine diventano più **animate**. Il signor Bianchi le insegna nuove espressioni torinesi, e Mirella gli racconta alcune frasi in dialetto napoletano.

Un lunedì mattina, Mirella arriva all'edicola e trova un cartello: "Chiuso per **malattia**". Si preoccupa per il signor Bianchi. Il giorno dopo, l'edicola è ancora chiusa.

Il mercoledì, finalmente, il signor Bianchi è tornato, ma sembra un po' **pallido** e **stanco**.

—Buongiorno, signor Bianchi. Come sta? Mi sono preoccupata.

—Ah, signorina Mirella, niente di grave. Solo un piccolo **malanno** stagionale. Sa, alla mia età anche un raffreddore diventa **un'avventura**!

Mirella ha un'idea. Va nella pasticceria vicina e torna con un sacchetto.

—Le ho portato qualcosa, dice porgendo il sacchetto al signor Bianchi.

L'uomo apre il sacchetto e trova dei **pasticcini appena sfornati**.

---

**orgogliosa** – proud

**animate** – lively, animated

**l'edicola** – newspaper stand

**malattia** – illness

**pallido** – pale

**stanco** – tired

**malanno** – ailment

**un'avventura** – an adventure

**pasticcini** – pastries

**appena sfornati** – freshly basked

—I dolci aiutano sempre a guarire più velocemente, dice Mirella con un sorriso. È una cosa che diceva sempre mia nonna.

Il signor Bianchi è visibilmente **commosso**.

**commosso** – moved, touched

—Sa, signorina, in quarant'anni dietro questo bancone, ho visto passare generazioni intere. Ho visto bambini diventare adulti e poi portare i loro figli a comprare i **fumetti**. Ma è raro trovare persone che si **preoccupano** veramente degli altri, specialmente di un vecchio **brontolone** come me.

**fumetti** - comic books

**preoccupano** – worry about

**brontolone** – grumbler

—Lei non è un brontolone, dice Mirella. Lei è la prima persona che mi saluta ogni mattina, e le sue battute mi fanno sempre sorridere, anche quando non le capisco.

Quella mattina, Mirella rimane più del solito a parlare con il signor Bianchi. Scopre che vive solo, che ha una figlia in Canada e che prima di gestire l'edicola lavorava in fabbrica alla FIAT.

Prima di andare al lavoro, Mirella dice:

—Domani le racconterò una barzelletta napoletana. Si prepari a ridere!

Il signor Bianchi sorride ampiamente.

—**Non vedo l'ora**, signorina Mirella. Sarà la mia **medicina** migliore.

Mentre cammina verso l'ufficio, Mirella pensa che l'edicola all'angolo non è solo un posto dove comprare il giornale. È diventato un piccolo punto di riferimento nella sua nuova vita a Torino, un luogo dove si sente un po' più a casa ogni giorno.

**Non vedo l'ora** – I'm looking forward to it

**medicina** – medicine

**Vocabolario**

capotto - coat
giacca – jacket
tappa – stop
chiosco – kiosk, stand
cartoline – postcards
proprietario – owner
gestisce - manages
abitanti – inhabitants
avvicinandosi - approaching
puntuale – punctual, on time
routine – routine
scambiano - exchange
consegna – delivers, hands over
sciarpa – scarf
battute - jokes
annuisce – nods
nutre – nourishes, feeds
ghigno – grin
argomenti – topics
conversazioni *mattutine* - *morning* conversations
disdetta – disappointment, misfortune
esatti – exact
diventando - becoming
orgogliosa – proud
animate – lively, animated
l'edicola - newspaper stand
malattia – illness
pallido – pale
stanco - tired
malanno – ailment
un'avventura - an adventure
pasticcini – pastries
appena sfornati - freshly baked
commosso – moved, touched
fumetti - comic books
preoccupano – worry about
brontolone – grumbler
Non vedo l'ora - I'm looking forward to it
medicina – medicine

## Riassunto del capitolo

Mirella, una giovane donna originaria di Napoli, si è trasferita a Torino per lavoro. Ogni mattina compra il giornale all'edicola all'angolo gestita dal signor Bianchi, un anziano signore che conosce tutto il quartiere. Nonostante la differenza di età e provenienza, tra i due nasce una routine quotidiana di brevi conversazioni.

All'inizio, Mirella non capisce molte delle espressioni in dialetto torinese che il signor Bianchi usa, ma dopo tre mesi riesce finalmente a comprendere una delle sue battute. Questo piccolo traguardo segna un cambiamento nel loro rapporto, che diventa più profondo e basato su uno scambio culturale tra Torino e Napoli.

Quando il signor Bianchi si ammala, Mirella si preoccupa per lui e gli porta dei pasticcini per fargli sentire la sua vicinanza. Questa gentilezza commuove il vecchio edicolante, e Mirella si rende conto che l'edicola all'angolo è diventata un punto di riferimento importante nella sua nuova vita torinese.

## Chapter Summary

Mirella, a young woman originally from Naples, has moved to Turin for work. Every morning she buys the newspaper at the corner newsstand run by Mr. Bianchi, an elderly man who knows the entire neighborhood. Despite their differences in age and background, a daily routine of brief conversations develops between them.

At first, Mirella doesn't understand many of the Turin dialect expressions that Mr. Bianchi uses, but after three months she finally manages to understand one of his jokes. This small achievement marks a change in their relationship, which becomes deeper and based on a cultural exchange between Turin and Naples.

When Mr. Bianchi falls ill, Mirella worries about him and brings him pastries to show him her support. This kindness touches him, and Mirella realizes that the corner newsstand has become an important reference point in her new life in Turin.

## Controllo di comprensione

1. Da dove viene originariamente Mirella?
    a) Torino
    b) Milano
    c) Roma
    d) Napoli

2. Cosa compra Mirella ogni mattina all'edicola?
    a) Una rivista
    b) Un giornale
    c) Dei fumetti
    d) Dei biglietti della lotteria

3. Cosa non capiva inizialmente Mirella nelle conversazioni con il signor Bianchi?
    a) La lingua italiana
    b) Le notizie del giornale
    c) Il dialetto torinese
    d) Le informazioni sul calcio

4. Cosa porta Mirella al signor Bianchi quando è malato?
    a) Medicine
    b) Un libro
    c) Pasticcini
    d) Una sciarpa

5. Dove lavorava il signor Bianchi prima di gestire l'edicola?
    a) In un ristorante
    b) Alla FIAT
    c) In un ufficio postale
    d) In una scuola

Risposte: 1-d, 2-b, 3-c, 4-c, 5-b

# 3. La sagra del tartufo

The Truffle Festival

Emma cammina per un piccolo paese in Umbria. È americana e sta visitando l'Italia per la prima volta. Oggi è una bella giornata di ottobre con il sole che splende in un cielo azzurro. Emma nota molte persone che camminano tutte nella stessa direzione. Curiosa, decide di seguirle.

Dopo pochi minuti, arriva in una grande piazza del paese. C'è molta **folla** e un'atmosfera di festa. Ci sono **bancarelle**, musica e un profumo delizioso nell'aria. Emma vede un grande **striscione** colorato: "*Sagra* **del Tartufo**".

*Cosa sarà mai questa sagra? E cos'è il tartufo?* pensa Emma.

folla – crowd

bancarelle - stalls

striscione – banner

*Sagra* del Tartufo - Truffle *festival*

Si avvicina a una bancarella dove un uomo con un grande cappello sta vendendo qualcosa.

—Mi scusi, dice Emma con il suo italiano ancora **incerto**. Cos'è il tartufo?

L'uomo sorride gentilmente, notando l'**accento** straniero di Emma.

—Il tartufo è un **fungo** prezioso che cresce sotto terra, vicino alle radici degli alberi, risponde l'uomo. Qui in Umbria abbiamo i migliori tartufi d'Italia!

Emma guarda i tartufi sul banco. Sembrano piccole **pietre nere** e irregolari, non molto **appetitosi** a prima vista.

—Vuole **assaggiare** qualcosa? Chiede l'uomo indicando un piatto con piccoli pezzi di pane.

—Sì, grazie, risponde Emma.

L'uomo prende un pezzo di pane e ci mette sopra una **grattugiata** di tartufo nero. Emma lo assaggia e rimane sorpresa: ha un **sapore** intenso e particolare che **non ha mai provato prima**.

—È... Interessante, dice Emma, non sicura di cosa pensare.

incerto - uncertain

accento - accent

fungo - mushroom

pietre *nere* - *black* stones

appetitosi - appetizing

assaggiare - to taste

grattugiata - grating

sapore - flavor

*non ha mai provato prima* - *never tried before*

Chapter 3: La sagra del tartufo

—Il tartufo è un sapore che bisogna imparare ad apprezzare, spiega l'uomo. Provi a mangiare un piatto completo, magari le **tagliatelle** al tartufo.

**tagliatelle** - type of pasta

Emma ringrazia e continua a esplorare la sagra. Ci sono molte bancarelle che vendono prodotti diversi: olio al tartufo, formaggio al tartufo, salame al tartufo. C'è anche un'area con tavoli dove le persone stanno mangiando.

Si siede a un tavolo e una **cameriera** si avvicina.

**cameriera** - waitress

—Buongiorno, cosa desidera?

—Vorrei provare le tagliatelle al tartufo, per favore, dice Emma.

Mentre aspetta, Emma osserva le persone intorno a lei. Tutti sembrano felici e rilassati, mangiando e parlando **animatamente**. Molte famiglie sono sedute insieme e c'è un'atmosfera di **convivialità**.

**animatamente** - animatedly

**convivialità** - conviviality

La cameriera torna con un piatto di pasta. L'**aroma** è molto forte.

**aroma** - aroma

—Buon appetito! Dice la cameriera.

Emma inizia a mangiare e, con sua grande sorpresa, trova il sapore delizioso. La pasta è perfetta e il tartufo dà un sapore speciale che ora le piace molto.

Mentre mangia, nota un gruppo di persone che si sta preparando vicino a un palco. Alcuni hanno cani al **guinzaglio**, altri portano piccoli attrezzi simili a **zappe**.

**guinzaglio** - leash

**zappe** – hoes (tool)

Una donna si siede al tavolo vicino a Emma. È anziana, con capelli grigi e un sorriso gentile.

—Sta per iniziare la **gara** di ricerca del tartufo, dice la donna notando l'interesse di Emma. I **tartufai** e i loro cani **si sfideranno** nella **ricerca** dei tartufi.

**gara** - competition

**tartufai** - truffle hunters

—I cani cercano i tartufi? Chiede Emma sorpresa.

**si sfideranno** - challenge each other

—Sì, i cani hanno un ottimo **olfatto** e sono addestrati per trovare i tartufi sotto terra. È una tradizione antica qui in Umbria.

**ricerca** - search

Emma è affascinata. Finisce il suo piatto di pasta e decide di andare a vedere la gara più da vicino.

**olfatto** - sense of smell

Vicino al **palco**, un uomo con un **microfono** sta spiegando le regole della gara. Emma non capisce tutto ma riesce a cogliere che i partecipanti devono trovare il maggior numero di tartufi in un'ora.

Improvvisamente, Emma sente qualcuno che tocca il suo braccio.

—Scusi, dice un giovane. Lei è l'ultima **partecipante**?

—No, no, risponde Emma rapidamente. Io sono solo una turista, sto guardando.

Il giovane sembra confuso.

—Ma ha il numero **diciassette** sulla **schiena**...

Emma si gira e vede un foglio con il numero 17 attaccato al suo zaino. Non sa come sia finito lì. Forse qualcuno lo ha messo per sbaglio o per **scherzo**.

Prima che possa spiegare, l'uomo con il microfono annuncia:

—E ora, la partecipante numero diciassette, Emma dagli Stati Uniti!

Tutti applaudono e guardano verso di lei. Emma è **imbarazzata** ma sorride.

**palco** - stage

**microfono** - microphone

**partecipante** - participant

**diciassette** - seventeen

**schiena** - back

**scherzo** - joke

**imbarazzata** - embarrassed

—C'è un errore, io non...

Ma una donna le mette in mano una piccola zappa e un uomo le presenta un cane, un bel Lagotto Romagnolo bianco e marrone.

—Questo è Pippo, il migliore cane da tartufo della regione, dice l'uomo con **orgoglio**. Vi aiuterà a trovare molti tartufi!

**orgoglio** - pride

Emma cerca di spiegare che c'è un **malinteso**, ma tutti sembrano così entusiasti che non ha il cuore di dire no. Decide di partecipare alla gara, anche se non ha idea di cosa fare.

**malinteso** - misunderstanding

—Va bene, dice infine. Parteciperò.

La gara inizia e tutti i tartufai si **disperdono** nel bosco vicino con i loro cani. Emma segue Pippo, che sembra sapere esattamente cosa fare. Il cane corre avanti, annusa il terreno con attenzione e poi inizia a **scavare** in un punto preciso.

**disperdono** - disperse

**scavare** - to dig

Emma si avvicina e vede che Pippo ha trovato qualcosa. Seguendo l'esempio degli altri tartufai, usa la piccola zappa per scavare delicatamente e trova un tartufo! È piccolo ma sembra perfetto.

—Bravo, Pippo! Esclama Emma, sorpresa e felice.

Durante l'ora successiva, Emma e Pippo trovano altri tre tartufi. Emma si diverte tantissimo e **si dimentica** completamente che non voleva partecipare alla gara.

Quando l'ora finisce, tutti i partecipanti tornano al punto di partenza. I giudici pesano i tartufi trovati da ciascuno. Con grande sorpresa di Emma, lei e Pippo si classificano al terzo posto!

L'uomo con il microfono le consegna un piccolo **trofeo** e tutti applaudono.

—Complimenti alla nostra amica americana! Dice l'uomo. È la prima volta che una turista vince un premio alla nostra sagra!

Emma è felicissima. Mai avrebbe immaginato che la sua passeggiata si sarebbe trasformata in un'avventura così divertente.

Quella sera, prima di tornare al suo albergo, Emma compra una piccola **confezione** di tagliatelle fresche e un barattolo di salsa al tartufo da portare a casa come ricordo. Sa già che quando racconterà questa storia, nessuno dei suoi amici in America le crederà.

**si dimentica** - forgets

**trofeo** - trophy

**confezione** - package

## Vocabolario

folla – crowd
bancarelle - stalls
striscione – banner
*Sagra* del Tartufo - Truffle festival
accento – accent
incerto - uncertain
fungo – mushroom
pietre nere - black stones
appetitosi – appetizing
assaggiare – to taste
grattugiata – grating
sapore – flavor
 non ha mai provato prima - never tried before
tagliatelle – type of pasta
cameriera – waitress
animatamente – animatedly
convivialità – conviviality
aroma – aroma

guinzaglio – leash
zappe – hoes (tool)
gara – competition
tartufai – truffle hunters
si sfideranno - challenge each other
ricerca – search
olfatto – sense of smell
microfono – microphone
palco - stage
partecipante – participant
diciassette – seventeen
schiena - back
scherzo – joke
imbarazzata – embarrassed
orgoglio – pride
malinteso – misunderstanding
disperdono – disperse
scavare – to dig
trofeo – trophy
confezione – package

## Riassunto del capitolo

Emma, un'americana in visita in Italia, si trova per caso in un piccolo paese umbro durante la sagra del tartufo. Curiosa di scoprire cosa sia questo ingrediente sconosciuto per lei, inizia ad esplorare la festa, assaggiando piatti a base di tartufo e osservando l'atmosfera di convivialità che caratterizza l'evento.

Mentre osserva i preparativi per una gara di ricerca del tartufo con cani addestrati, Emma si ritrova per un malinteso ad essere registrata come partecipante. Nonostante la confusione iniziale, decide di partecipare e, insieme a Pippo, un Lagotto Romagnolo esperto, riesce sorprendentemente a trovare diversi tartufi nel bosco.

Con grande stupore di tutti, Emma si classifica al terzo posto nella competizione, ricevendo un trofeo e l'applauso dei presenti. La sua semplice passeggiata si è trasformata in un'avventura indimenticabile che le ha permesso di scoprire una tradizione tipica italiana e di apprezzare un sapore completamente nuovo.

**Chapter Summary**
Emma, an American visiting Italy, finds herself by chance in a small Umbrian town during a truffle festival. Curious to discover more about this unknown (to her) ingredient, she begins to explore the event, tasting truffle-based dishes and observing the fun atmosphere of the festival.

While watching the preparations for a truffle hunting competition with trained dogs, Emma finds herself - due to a misunderstanding - registered as a participant. Despite the initial confusion, she decides to participate and, together with Pippo, an expert Lagotto Romagnolo dog, surprisingly manages to find several truffles in the woods.

To everyone's amazement, Emma ranks third in the competition, receiving a trophy and applause from the crowd. Her simple walk has been transformed into an unforgettable adventure that allowed her to discover a typical Italian tradition and appreciate a completely new flavor.

**Controllo di comprensione**

1. In quale regione d'Italia si trova Emma?
   a) Toscana
   b) Umbria
   c) Sicilia
   d) Piemonte

2. Cosa sono i tartufi?
   a) Un tipo di pasta
   b) Un formaggio locale
   c) Funghi che crescono sotto terra
   d) Dolci tipici della regione

3. Come finisce Emma per partecipare alla gara?
   a) Si iscrive volontariamente
   b) Viene invitata dagli organizzatori
   c) Per un malinteso, qualcuno mette un numero sulla sua schiena
   d) Sostituisce un partecipante che si è ammalato

4. Chi aiuta Emma durante la gara?
   a) Un tartufaio esperto
   b) La donna anziana che le spiega la tradizione
   c) Un cane chiamato Pippo
   d) La cameriera del ristorante

5. Quale posto ottiene Emma nella competizione?
   a) Primo posto
   b) Secondo posto
   c) Terzo posto
   d) Non si classifica

Risposte: 1-b, 2-c, 3-c, 4-c, 5-c

# 4. Il vicino rumoroso

**The Noisy Neighbor**

Davide si sveglia alle tre di mattina per la **quarta** notte consecutiva. Il motivo è sempre lo stesso: musica d'opera a tutto volume dall'appartamento **sopra** il suo. Si mette il **cuscino** sulla testa cercando di coprirsi le orecchie, ma è **inutile**. Le potenti note del tenore attraversano facilmente il soffitto del suo appartamento a Genova.

*Non è possibile continuare così*, pensa Davide. Domani ha un'importante **riunione** di lavoro e ha bisogno di dormire.

La mattina seguente, Davide è stanco e di cattivo **umore**. Si prepara un caffè forte e guarda il **soffitto** con **fastidio**. Sa che deve fare qualcosa, ma non vuole creare problemi. È sempre stato una persona tranquilla che evita i **conflitti**.

**quarta** - fourth

**sopra** - above

**cuscino** - cushion

**inutile** - useless

**riunione** - meeting

**umore** - mood

**sofitto** - ceiling

**fastidio** - annoyance

**conflitti** - conflicts

Durante la pausa pranzo, decide di scrivere un **biglietto** gentile per il suo **vicino**. Dopo diverse **bozze**, scrive:

«Gentile vicino del terzo piano, Mi chiamo Davide e abito nell'appartamento sotto il Suo. Le scrivo con molto **rispetto** per chiederLe cortesemente di **abbassare** il volume della musica durante la notte. **Purtroppo** il suono è molto forte e mi impedisce di dormire. La ringrazio per la comprensione. Cordiali saluti, Davide (appartamento 2B)»

Quella sera, tornando dal lavoro, Davide **infila** il biglietto sotto la porta dell'appartamento sopra il suo, il 3B, e torna a casa sperando che il suo messaggio venga accolto positivamente.

La notte passa in silenzio. Davide dorme finalmente bene e si sveglia riposato. *Forse il biglietto ha funzionato*, pensa con sollievo.

Ma la sua **gioia** dura poco. La sera seguente, verso le dieci, la musica ricomincia, forte come prima. Questa volta è "La Traviata" di Verdi, una delle opere più **drammatiche** del repertorio italiano.

---

**biglietto** – note

**vicino** – neighbor

**bozze** – drafts

**rispetto** – respect

**abbassare** – turn down

**Purtroppo** – unfortunately

**infila** – slips

**gioia** – joy

**drammatiche** – dramatic

Davide è **deluso** e frustrato. Il suo biglietto gentile non ha avuto alcun effetto. Si chiede cosa fare ora. Potrebbe andare direttamente a parlare con il vicino, ma l'idea lo mette **a disagio**. Potrebbe chiamare l'**amministratore** del condominio, ma non vuole sembrare una persona che si **lamenta** sempre.

Decide di aspettare ancora qualche giorno. Forse il vicino ha bisogno di tempo per cambiare le sue **abitudini**.

Tre giorni dopo, tornando dal supermercato, Davide trova una **busta** nella sua cassetta delle **lettere**. La apre e trova un biglietto scritto a mano:

«Egregio signor Davide, Mi scuso sinceramente per il **disturbo** causato. Non mi ero reso conto che il volume fosse così alto. Sono un **insegnante di canto** in **pensione** e la musica è sempre stata la mia passione. Vorrei invitarLa a prendere un caffè domani pomeriggio, se ha tempo, per scusarmi di persona. Con i migliori saluti, Antonio Ferretti (appartamento 3B)»

**deluso** – disappointed

**a disagio** – uneasy

**amministratore** – administrator, manager

**lamenta** – complains

**abitudini** – habits

**busta** – envelope

**lettere** – letters

**disturbo** – disturbance

**insegnante di canto** – singing teacher

**pensione** – retirement

Davide è sorpreso e **sollevato**. Non si aspettava una risposta così gentile. Il giorno seguente, alle quattro del pomeriggio, **suona** il campanello dell'appartamento 3B con un po' di **nervosismo**.

La porta si apre e appare un uomo anziano, con i capelli bianchi e un sorriso **accogliente**. Indossa un maglione elegante e degli occhiali.

—Buongiorno, Lei deve essere Davide! Piacere di conoscerLa, mi chiamo Antonio. Entri, per favore, dice l'uomo con una voce profonda e melodiosa.

Davide entra nell'appartamento e rimane **stupito**. Le pareti sono coperte di poster di opere famose, ci sono **scaffali** pieni di CD e vinili, e in un angolo c'è un pianoforte antico. L'appartamento è **ordinato** e luminoso, con una vista sul porto di Genova.

—**Si accomodi,** per favore, dice Antonio, indicando un divano. Preparerò il caffè.

Mentre Antonio va in cucina, Davide osserva la stanza. Su un tavolo vede molte foto in bianco e nero di un giovane uomo che canta su diversi **palcoscenici**. Riconosce il Teatro alla Scala di Milano in una delle foto.

Antonio torna con due tazzine di caffè e alcuni biscotti.

| | |
|---|---|
| sollevato | - relieved |
| suona | - rings |
| nervosismo | - nervousness |
| accogliente | - welcoming |
| stupito | - amazed |
| scaffali | - shelves |
| ordinato | - tidy |
| Si accomodi | - make yourself comfortable |
| palcoscenici | - stages |

—Era Lei nelle foto? Chiede Davide incuriosito.

—Sì, risponde Antonio con un sorriso **nostalgico**. Ho cantato come tenore per quarant'anni in Italia e all'estero. Niente di famoso come Pavarotti, naturalmente, ma ho avuto una buona **carriera**.

Davide è impressionato. Mai avrebbe immaginato che il suo vicino rumoroso fosse un ex cantante d'opera professionista.

—Mi dispiace davvero per il volume della musica, continua Antonio. A volte non mi **rendo conto** di quanto sia forte. Quando ascolto le opere, rivivo i momenti sul palco e mi **dimentico** del mondo esterno.

—Capisco, dice Davide. Deve essere stata una vita emozionante.

—Lo è stata, conferma Antonio. Ma ora sono solo un vecchio che vive di ricordi.

Davide nota una certa **tristezza** negli occhi di Antonio. Si sente improvvisamente **dispiaciuto** per lui.

—E non canta più? Chiede.

**nostalgico** – nostalgic

**carriera** – career

**rendo conto** – realise

**dimentico** – forget

**tristezza** – sadness

**dispiaciuto** – sorry

—Solo per me stesso, occasionalmente. La voce non è più quella di una volta, risponde Antonio con un sospiro.

Parlano per oltre un'ora. Antonio racconta storie affascinanti dei suoi anni di tournée, dei grandi teatri dove ha cantato, dei famosi direttori d'orchestra con cui ha lavorato.

Prima di andare via, Davide ha un'idea.

—Sa, io lavoro in un centro culturale qui a Genova. Stiamo organizzando una serie di **incontri** sulla storia della musica italiana. Sarebbe interessato a partecipare come **ospite**? Potrebbe parlare della sua esperienza nel mondo dell'opera.

Gli occhi di Antonio si illuminano di gioia.

—Davvero? Sarebbe meraviglioso! Mi piacerebbe molto **condividere** la mia passione con altri.

—Perfetto! Dice Davide. Le manderò i dettagli.

Mentre torna al suo appartamento, Davide si sente contento della conversazione. Ha trasformato un problema in un'opportunità interessante per il centro culturale.

---

incontri - meetings

osipite - guest

condividere - share

---

Chapter 4: Il vicino rumoroso

Quella sera, ascolta la musica che viene dall'appartamento di Antonio. Il volume è **notevolmente più basso**, ma può ancora sentire le bellissime arie d'opera. Questa volta, invece di essere irritato, Davide sorride e ascolta con nuovo **apprezzamento**.

Due settimane dopo, alla conferenza al centro culturale, Antonio incanta il pubblico con le sue storie e canta anche un'aria, con una voce che, **sebbene** non più potente come un tempo, è ancora piena di **emozione** e tecnica.

L'**evento** è un grande successo e diventa il primo di una serie di incontri mensili. Davide e Antonio diventano amici, e Davide scopre una nuova **passione** per l'opera italiana.

Qualche volta, nelle sere d'estate, va nell'appartamento di Antonio per ascoltare insieme vecchie registrazioni. E quando la musica attraversa il pavimento, ora sorride ricordando come un vicino rumoroso sia diventato un amico prezioso.

**notevolmente *più basso*** - notably *lower*

**apprezzamento** - appreciation

**sebbene** - even if

**emozione** - emotion

**evento** - event

**passione** - passion

## Vocabolario

quarta - fourth
sopra - above
cuscino - cushion
inutile – useless
riunione – meeting
umore – mood
sofitto - ceiling
fastidio – annoyance
conflitti – conflicts
biglietto – note
vicino - neighbor
bozze – drafts
rispetto – respect
abbassare - turn down
purtroppo - unfortunately
infila – slips
gioia - joy
drammatiche – dramatic
deluso – disappointed
a disagio - uneasy
amministratore – administrator, manager
lamenta – complains
abitudini – habits
busta - envelope
lettere – letters
disturbo – disturbance
insegnante *di canto* - *singing* teacher
pensione – retirement
sollevato - relieved
suona – rings
nervosismo – nervousness
accogliente – welcoming
stupito - amazed
scaffali – shelves
ordinato – tidy
Si accomodi - make yourself comfortable
palcoscenici – stages
nostalgico – nostalgic
carriera – career
dimentico – forget
rendo conto - realise
tristezza - sadness
dispiaciuto – sorry
incontri – meetings
osipite - guest
notevolmente *più basso* - notably *lower*
apprezzamento – appreciation
condividere - share
sebbene - even if
emozione – emotion
evento – event
passione – passion

## Riassunto del capitolo

Davide, un giovane che vive in un appartamento a Genova, è tormentato dalla musica d'opera che il suo vicino del piano di sopra ascolta a tutto volume durante la notte. Dopo notti insonni, decide di scrivere un biglietto educato chiedendo di abbassare il volume. Inizialmente il biglietto sembra funzionare, ma la musica ricomincia presto.

Con sua sorpresa, riceve una lettera di scuse dal vicino, Antonio, un insegnante di canto in pensione, che lo invita a prendere un caffè. Durante l'incontro, Davide scopre che Antonio è stato un tenore professionista per quarant'anni e che la musica rappresenta i ricordi di una carriera brillante. Notando la solitudine e la nostalgia dell'anziano, Davide ha un'idea.

Davide invita Antonio a tenere una conferenza sulla storia dell'opera al centro culturale dove lavora. L'evento è un successo e segna l'inizio di una sincera amicizia tra i due. Antonio abbassa il volume della sua musica e Davide sviluppa un nuovo apprezzamento per l'opera italiana, trasformando quello che era iniziato come un problema in un'opportunità di arricchimento personale e culturale.

## Chapter Summary

Davide, a young man living in an apartment in Genoa, is tormented by opera music that his upstairs neighbor plays at full volume during the night. After several sleepless nights, he decides to write a polite note asking to lower the volume. Initially, the note seems to work, but the music soon starts again.

To his surprise, he receives an apology letter from his neighbor, Antonio, a retired singing teacher, who invites him over for coffee. During the meeting, Davide discovers that Antonio was a professional tenor for forty years and that the music represents memories of a brilliant career.

Noticing the elderly man's loneliness and nostalgia, Davide has an idea. Davide invites Antonio to give a lecture on the history of opera at the cultural center where he works. The event is a success and marks the beginning of a sincere friendship between the two. Antonio lowers the volume of his music, and Davide develops a new appreciation for Italian opera, transforming what had started as a problem into an opportunity for personal and cultural enrichment - for both of them.

**Controllo di comprensione**
1. In quale città italiana vive Davide?
    a) Roma
    b) Milano
    c) Genova
    d) Napoli

2. Cosa fa Davide per risolvere inizialmente il problema della musica?
    a) Chiama la polizia
    b) Parla direttamente con il vicino
    c) Scrive un biglietto gentile
    d) Contatta l'amministratore del condominio

3. Qual era la professione di Antonio prima della pensione?
   a) Professore di musica
   b) Direttore d'orchestra
   c) Tenore d'opera
   d) Pianista

4. Cosa propone Davide ad Antonio alla fine della loro conversazione?
   a) Di trasferirsi in un altro appartamento
   b) Di partecipare come ospite a una serie di incontri sulla musica
   c) Di prendere lezioni di canto
   d) Di ascoltare insieme le registrazioni

5. Come cambia l'atteggiamento di Davide verso la musica d'opera dopo aver conosciuto Antonio?
   a) Continua a odiarla
   b) Diventa indifferente
   c) Sviluppa un nuovo apprezzamento
   d) Decide di studiare canto lirico

Risposte: 1-c, 2-c, 3-c, 4-b, 5-c

# 5. Una gita al lago

**A Day Trip to the Lake**

È domenica mattina e Chiara è molto **emozionata**. Oggi va con i suoi amici, Marco e Sofia, al Lago di Como. È la **prima domenica** di giugno e il tempo è perfetto: cielo azzurro, sole e una leggera **brezza**. Chiara guarda l'orologio – sono le 8:30. Deve **sbrigarsi** perché il loro treno parte alle 9:15 dalla stazione centrale di Milano.

Chiara prepara velocemente il suo **zaino**: un **asciugamano**, crema solare, un libro, una bottiglia d'acqua e un panino per il pranzo. Indossa un vestito leggero, sandali comodi e occhiali da sole. Prima di uscire, controlla di avere il **biglietto** del treno sul telefono.

Alla stazione, Marco e Sofia la aspettano vicino al tabellone delle **partenze**.

*emozionata – excited*

*prima domenica – first Sunday*

*brezza – breeze*

*sbrigarsi – to hurry*

*zaino – backpack*

*asciugamano – towel*

*biglietto – ticket*

*partenze – departures*

—Ciao Chiara! Sei pronta per la nostra **avventura**? Chiede Sofia con entusiasmo.

—Sì, non vedo l'ora di arrivare al lago! Risponde Chiara.

I tre amici trovano il loro **binario** e salgono sul treno diretto a Como. Durante il viaggio, che dura circa un'ora, parlano dei loro piani per la giornata.

—Prima possiamo passeggiare sul **lungolago**, poi fare il **picnic**, e nel pomeriggio magari **noleggiare un pedalò**, suggerisce Marco.

—Ottima idea! È tanto che voglio provare un pedalò, dice Chiara. Non l'ho mai fatto prima.

Sofia consulta una mappa sul suo telefono.

—C'è anche una bella **spiaggia** vicino alla stazione. Non è grande, ma sembra tranquilla.

Il treno attraversa la campagna lombarda. Dal finestrino, Chiara osserva i paesaggi verdi e i piccoli **paesi** che passano velocemente. Si sente felice e rilassata, lontana dallo **stress** della città e del lavoro.

Finalmente arrivano alla stazione di Como. Quando escono, possono già vedere il lago in **lontananza**, blu e **scintillante** sotto il sole.

---

**avventura** – adventure

**binario** – platform

**lungolago** – lakefront

**picnic** – picnic

*noleggiare* **un pedalò** – *rent* a pedal boat

**spiaggia** – beach

**paesi** – villages, towns

**stress** – stress

**lontananza** – distance

**scintillante** – sparkling

—È **stupendo**! Esclama Chiara.

I tre amici camminano verso il centro della città e poi seguono le indicazioni per il lungolago. La passeggiata è molto piacevole. Ci sono molti turisti, ma non è troppo **affollato**. Vedono barche che navigano sul lago e le montagne verdi che circondano l'acqua.

Dopo aver camminato per circa mezz'ora, decidono di fermarsi in una piccola spiaggia pubblica. Non è una spiaggia di sabbia, ma di piccoli **sassi**. Ci sono alcune famiglie e coppie che prendono il sole o nuotano.

Stendono i loro asciugamani e si siedono vicino all'acqua.

—Chi vuole fare il primo **tuffo**? Chiede Marco.

—Io! Risponde Sofia, correndo verso l'acqua.

Chiara la segue, ma entra più lentamente. L'acqua è un po' **fredda** all'inizio, ma dopo qualche minuto è piacevole.

I tre amici nuotano e giocano nell'acqua per un'ora. Poi tornano sulla spiaggia per il loro picnic. Mangiano i panini che hanno portato e Sofia ha anche preparato un'insalata di frutta fresca.

---

**stupendo** – stunning

**affollato** – crowded

**sassi** – pebbles

**tuffo** – dive

**fredda** – cold

—Questa è la domenica perfetta, dice Chiara, guardando il panorama. Dovremmo farlo più spesso.

Dopo pranzo, Marco vede un piccolo chiosco che **noleggia** pedalò.

—Andiamo a **chiedere** quanto costa? Propone.

Si avvicinano al chiosco dove un uomo anziano sta leggendo un giornale.

—Buongiorno, dice Marco. Vorremmo noleggiare un pedalò per tre persone. Quanto costa?

—Buongiorno, risponde l'uomo. Sono quindici euro all'ora.

Marco guarda Chiara e Sofia.

—Va bene per voi?

Le ragazze annuiscono. Marco dà quindici euro all'uomo, che poi spiega loro come funziona il pedalò e le regole di **sicurezza**.

—Non andate troppo lontano dalla **riva**, raccomanda. E tornate entro un'ora.

I tre amici salgono sul pedalò giallo. Ci sono due posti per **pedalare** davanti e uno dietro per guidare.

**noleggia** – rents

**chiedere** - to ask

**sicurezza** – safety

**riva** - shore

**pedalare** – to pedal

—Io guido! Dice Sofia, sedendosi al posto di guida.

Marco e Chiara iniziano a pedalare e il pedalò si muove **lentamente** sull'acqua.

**lentamente** - slowly

—È più **faticoso** di quanto pensassi, **ammette** Chiara dopo qualche minuto.

**faticoso** - tiring

**ammette** - admits

—Ma ne vale la pena, risponde Marco, indicando la vista. Da qui possiamo vedere tutta la **costa** e le ville storiche.

**costa** - coast

Infatti, dal lago possono ammirare le famose ville che si affacciano sull'acqua, con i loro giardini colorati e le architetture eleganti. Sofia usa il suo telefono per fare molte foto.

Mentre pedalano, vedono anche altre barche e pedalò. Un gruppo di turisti su una barca più grande li saluta agitando le mani, e loro ricambiano il **saluto**.

**saluto** - greeting

Dopo circa quaranta minuti di **esplorazione**, decidono di tornare verso la riva. Il vento è aumentato un po' e ci sono più **onde**.

**esplorazione** - exploration

**onde** - waves

—Dobbiamo pedalare più forte per tornare, dice Sofia.

Marco e Chiara aumentano il ritmo, ma è difficile perché sono già stanchi. Finalmente, riescono a raggiungere la riva e **restituiscono** il pedalò, un po' esausti ma felici dell'esperienza.

**restituiscono** – return

—La prossima volta portiamo più acqua, suggerisce Chiara, asciugandosi con l'asciugamano.

Passano il resto del pomeriggio rilassandosi sulla spiaggia, leggendo e prendendo il sole. Quando il sole inizia a **calare**, decidono che è ora di tornare a Milano.

**calare** - go down (sun)

Sulla strada verso la stazione, si fermano in una gelateria per un gelato artigianale. Chiara sceglie il gusto **fragola**, Marco il **cioccolato** e Sofia il pistacchio.

**fragola** – strawberry

**cioccolato** – chocolate

—Il finale perfetto per una giornata perfetta, commenta Sofia, assaporando il suo gelato.

Arrivano alla stazione in tempo per il treno delle 18:30. Sul treno del ritorno sono tutti un po' stanchi ma molto contenti della loro **gita**. Chiara guarda le foto che hanno fatto durante la giornata.

**gita** - trip

—Dobbiamo organizzare più gite come questa, dice. Forse la prossima volta possiamo andare al Lago Maggiore o al Lago di Garda.

—O **magari** fare un'escursione in montagna, suggerisce Marco.

Mentre il treno si avvicina a Milano, il sole tramonta all'**orizzonte**, tingendo il cielo di arancione e rosa. Chiara si appoggia al finestrino, osservando il paesaggio che passa. Si sente **rilassata** e felice, con la pelle calda di sole e i capelli che **sanno di lago**.

La domenica al Lago di Como è stata semplice ma perfetta: amici, sole, acqua e riposo. Esattamente ciò di cui aveva bisogno.

**magari** - perhaps

**orizzonte** - horizon

**rilassata** - relaxed

**pelle** - skin

**sanno** *di* *lago* - smell of *the lake*

**Vocabolario**

- emozionata – excited
- *prima* domenica - *first Sunday*
- brezza – breeze
- sbrigarsi – to hurry
- asciugamano - towel
- zaino – backpack
- biglietto – ticket
- partenze – departures
- avventura – adventure
- binario – platform
- lungolago – lakefront
- picnic – picnic
- *noleggiare* un pedalò - *rent a pedal boat*
- spiaggia – beach
- paesi – villages, towns
- stress – stress
- lontananza - distance
- scintillante – sparkling
- stupendo – stunning
- affollato – crowded
- sassi – pebbles
- tuffo – dive
- fredda – cold
- noleggia – rents
- chiedere – to ask
- sicurezza – safety
- riva - shore
- pedalare – to pedal
- lentamente - slowly
- faticoso – tiring
- ammette - admits
- costa – coast
- saluto – greeting
- esplorazione – exploration
- onde – waves
- restituiscono – return
- calare - go down (sun)
- fragola – strawberry
- cioccolato – chocolate
- gita – trip
- magari – perhaps
- orizzonte – horizon
- rilassata – relaxed
- pelle - skin
- sanno *di lago* - smell of *the lake*

## Riassunto del capitolo

Chiara, Marco e Sofia, tre amici di Milano, decidono di trascorrere una domenica di giugno al Lago di Como. La giornata inizia presto con un viaggio in treno dalla stazione centrale di Milano fino a Como. Una volta arrivati, esplorano il lungolago, ammirando il paesaggio e godendosi il bel tempo.

Trovano una piccola spiaggia pubblica dove si fermano per nuotare, prendere il sole e fare un picnic con i panini che hanno portato da casa. Nel pomeriggio, decidono di noleggiare un pedalò per un'ora, che permette loro di vedere il lago da una prospettiva diversa e di ammirare le famose ville storiche dalla superficie dell'acqua.

La giornata si conclude con un gelato artigianale prima di prendere il treno di ritorno per Milano. Durante il viaggio di ritorno, guardano le foto scattate durante il giorno e progettano future escursioni insieme. È stata una giornata semplice ma perfetta, che ha permesso a Chiara di rilassarsi e staccare dalla routine quotidiana.

## Chapter Summary

Chiara, Marco, and Sofia, three friends from Milan, decide to spend a Sunday in June at Lake Como. The day begins early with a train journey from Milan's central station to Como. Once there, they explore the lakefront, admiring the landscape and enjoying the beautiful weather.

They find a small public beach where they stop to swim, sunbathe, and have a picnic with sandwiches they brought from home. In the afternoon, they decide to rent a pedal boat for an hour, which allows them to see the lake from a different perspective and admire the famous historic villas from the water's surface.

The day concludes with artisanal ice cream before taking the return train to Milan. During the journey back, they look at the photos taken during the day and plan future excursions together. It was a simple but perfect day that allowed Chiara to relax and disconnect from her daily routine.

## Controllo di comprensione

1. Da quale città partono i tre amici?
    a) Como
    b) Torino
    c) Milano
    d) Roma

2. Quale attività fanno i protagonisti dopo il picnic?
    a) Visitano una villa storica
    b) Noleggiano un pedalò
    c) Fanno shopping in centro
    d) Prendono il sole sulla spiaggia

3. Cosa mangiano i tre amici a pranzo?
    a) Pasta al ristorante
    b) Pizza
    c) Panini e frutta
    d) Pesce del lago

4. Come si chiama la via dove passeggiano i protagonisti lungo il lago?
    a) Lungomare
    b) Lungotevere
    c) Lungolago
    d) Lungofiume

5. Cosa fanno i tre amici prima di tornare alla stazione?
   a) Visitano un museo
   b) Mangiano un gelato
   c) Fanno shopping
   d) Telefonano ai loro genitori

Risposte: 1-c, 2-b, 3-c, 4-c, 5-b

# 6. La pasticceria elegante

**The Fancy Pastry Shop**

Enzo cammina nervosamente per le strade del centro di Milano. Oggi è il **compleanno** di sua sorella Lucia e vuole comprarle un dolce speciale. Ha sentito parlare di una **pasticceria** molto **elegante** in via Monte Napoleone, una delle strade più esclusive della città. Enzo non è abituato a frequentare negozi di lusso, ma per sua sorella vuole fare uno **sforzo** speciale.

Finalmente trova la pasticceria. La **vetrina** è meravigliosa: torte decorate con frutta fresca, cioccolatini **disposti come *gioielli***, e pasticcini colorati che sembrano piccole **opere d'arte**. Il nome del negozio, "Dolce Vita", è scritto con lettere dorate sopra la porta.

**compleanno** – birthday

**pasticceria** – pastry shop

**elegante** – elegant

**sforzo** – effort

**vetrina** – shop window

**disposti come *gioielli*** – arranged like *jewels*

**opere d'arte** – works of art

Enzo prende un respiro profondo ed entra. L'interno è ancora più impressionante della vetrina. Il pavimento è di marmo bianco, ci sono **specchi** alle pareti e lampadari di cristallo. I dolci sono esposti in **teche** di vetro illuminate, come in un museo.

specchi - mirrors

teche - display cases

C'è un profumo delizioso di vaniglia e cioccolato nell'aria.

Dietro il bancone c'è una signora elegante con i capelli grigi raccolti in uno **chignon**.

chignon - bun (hairstyle)

—Buongiorno, posso aiutarla? Chiede la signora con un sorriso **cortese** ma formale.

cortese - polite

Enzo si sente un po' fuori posto con i suoi jeans e la giacca casual.

—Buongiorno, risponde. Vorrei comprare una torta per il compleanno di mia sorella.

—Certamente. Che tipo di torta desidera? Abbiamo diverse **specialità**.

specialità - specialties

Enzo guarda le torte esposte. Sono tutte bellissime, ma non riconosce molti dei dolci. E non vede **cartellini** con i prezzi.

cartellini - price tags

—Ehm, non so esattamente. A mia sorella piace molto la frutta.

Chapter 6: La pasticceria elegante

La signora annuisce.

—Allora potrei suggerirle la nostra torta di frutti di bosco con crema **chantilly** e base di pasta **frolla**. Oppure abbiamo una deliziosa torta al limone con **meringa** italiana.

Enzo è un po' **confuso** da questi termini.

—Può **mostrarmi** queste torte, per favore?

La signora indica due torte nella vetrina refrigerata.

—Questa è la torta ai frutti di bosco, dice indicando una torta rotonda con **lamponi, mirtilli** e **more** sulla parte superiore. E questa è la torta al limone, con questa decorazione bianca e soffice sopra, che è la meringa.

Entrambe sembrano deliziose.

—Quanto costano? Chiede Enzo, preparandosi mentalmente a un prezzo alto.

—La torta ai frutti di bosco è 48 euro, e la torta al limone è 42 euro, risponde la signora.

**chantilly** – whipped cream

**frolla** – shortcrust pastry

**meringa** – meringue

**confuso** – confused

**mostrarmi** – show me

**lamponi** – raspberries

**mirtilli** – blueberries

**more** – blackberries

Enzo cerca di non mostrare **sorpresa** per il prezzo. È più di quanto aveva previsto di spendere, ma non vuole sembrare un cliente di seconda classe.

Mentre sta per decidere, nota sul lato del bancone una **confezione** dorata con il nome "Panettone Artigianale".

—Che cos'è quello? Chiede, indicando la confezione.

La signora sorride, questa volta più **calorosamente**.

—Ah, quello è il nostro panettone artigianale. È una specialità milanese, un dolce tradizionale che di solito si mangia a Natale, ma noi lo produciamo tutto l'anno perché è molto richiesto. È fatto con **uvetta**, frutta **candita** e ha un profumo di burro e vaniglia straordinario.

—Sembra interessante, dice Enzo. Quanto costa?

—Il panettone piccolo, da 500 grammi, costa 22 euro.

Enzo pensa che è ancora costoso per un dolce, ma è più **accessibile** delle torte. E l'idea di un dolce tradizionale milanese gli piace.

---

**sorpresa** – surprise

**confezione** – package

**calorosame-nte** – warmly

**uvetta** – raisins

**candida** – candied

**accessibile** – affordable

—Lo prendo, dice. È per il compleanno di mia sorella, che è di Napoli ma vive qui a Milano da un anno. Penso che le piacerà provare questa specialità milanese.

La signora sembra approvare la sua scelta.

—È un'ottima idea. Il nostro panettone è diverso da quelli industriali che si trovano nei supermercati. È **fatto a mano** secondo la ricetta tradizionale, con **lievitazione** naturale e ingredienti di prima qualità.

Mentre la signora prepara il pacchetto, un uomo anziano esce dal laboratorio sul retro. Ha un **grembiule** bianco **sporco** di farina e una faccia gentile con grandi **baffi** bianchi.

—Buongiorno, dice l'uomo con un forte accento milanese. Sta comprando il nostro panettone?

—Sì, risponde Enzo. È per mia sorella.

—Ah, bene! È una ricetta di famiglia, sa? Mio nonno ha iniziato a fare panettoni nel 1920, e io continuo la tradizione. **Ogni** panettone è un po' diverso, è come una persona, ha il suo **carattere**.

Enzo sorride, colpito dalla **passione** dell'uomo per il suo lavoro.

---

**fatto a mano** - handmade

**lievitazione** - leavening

**grembiule** - apron

**sporco** - dirty

**baffi** - mustache

**Ogni** - every

**carattere** - character

**passione** - passion

—Signor Ricci, per favore, non **sporchi** il negozio con la farina, dice la signora con tono affettuosamente **severo**.

—Scusi, scusi, Marina. Torno subito al lavoro, risponde l'uomo con un sorriso, e poi si rivolge a Enzo. Spero che sua sorella apprezzi il panettone. Buona giornata!

E con questo, il signor Ricci torna nel laboratorio.

La signora Marina mette il panettone in una bella scatola e la lega con un nastro blu.

—Ecco a lei. Sono 22 euro.

Enzo paga con la sua carta, cercando di farlo con naturalezza come se comprasse **regolarmente** in negozi così eleganti.

—Grazie mille, dice prendendo il pacchetto.

—Grazie a lei. Spero che sua sorella passi un buon compleanno. Il panettone si conserva bene per una settimana. Lo **consiglio** con un bicchiere di vino dolce, come il moscato.

---

**sporchi** – make dirty

**severo** – strict

**regolarmente** – regularly

**consiglio** – recommend

Enzo esce dalla pasticceria sentendosi **soddisfatto**. Anche se ha speso più di quanto aveva previsto, ha trovato un regalo che ha una storia, una tradizione. E ha anche imparato qualcosa sulla cultura milanese.

Quella sera, quando Lucia apre il regalo, i suoi occhi si illuminano.

—Un panettone artigianale! Sai che i miei colleghi parlano sempre di questo negozio? È uno dei migliori di Milano. Ma come hai fatto a sceglierlo? Non sei **esperto** di dolci.

Enzo sorride, contento della sua **scelta**.

—Ho avuto un po' di aiuto, dice. E poi ti racconto una storia interessante sul panettone e sul signor Ricci con i baffi bianchi...

Mentre Lucia taglia il panettone e ne sente il profumo delizioso, Enzo le racconta la sua avventura nella pasticceria elegante. Alla fine, **entrambi** concordano che questo panettone è molto più di un semplice dolce: è un'esperienza culturale, un **pezzo** di Milano da gustare insieme.

**soddisfatto** - satisfied

**esperto** - expert

**scelta** - choice

**entrambi** - both (of them)

**pezzo** - piece

## Vocabolario

compleanno - birthday
pasticceria - pastry shop
sforzo – effort
vetrina – shop window
disposti come *gioielli* - arranged like *jewels*
opere d'arte - works of art
specchi - mirrors
teche – display cases
chignon – bun (hairstyle)
cortese - polite
specialità – specialty
cartellini – price tags
chantilly – whipped cream
frolla – shortcrust pastry
meringa – meringue
confuso – confused
mostrarmi - show me
lamponi - raspberries
mirtilli - blueberries
more - blackberries
sorpresa – surprise

confezione – package
calorosamente - warmly
uvetta – raisins
candida – candied
accessibile – affordable
fatto a mano - handmade
lievitazione – leavening
grembiule - apron
sporco – dirty
baffi – mustache
Ogni - every
carattere – character
passione – passion
sporchi – make dirty
severo – strict
regolarmente – regularly
consiglio - recommend
soddisfatto - satisfied
esperto - expert
scelta – choice
entrambi - both (of them)
pezzo – piece

**Riassunto del capitolo**

Enzo si reca in una pasticceria elegante di Milano per comprare un dolce speciale per il compleanno della sorella Lucia. All'interno del negozio lussuoso, si sente un po' fuori posto e rimane sorpreso dai prezzi elevati delle torte che la commessa gli propone.

Mentre sta per decidere, nota un panettone artigianale, un dolce tradizionale milanese solitamente natalizio, ma che la pasticceria produce tutto l'anno. Opta per questo, più accessibile nel prezzo rispetto alle torte e con un valore culturale aggiunto. Durante l'acquisto, incontra anche il pasticcere, un anziano con i baffi bianchi che gli racconta la storia familiare della ricetta del panettone.

La sera, quando Lucia riceve il regalo, è entusiasta perché conosce la fama del negozio. Enzo le racconta la sua esperienza nella pasticceria e insieme assaporano non solo il dolce, ma anche il pezzo di tradizione milanese che rappresenta, creando un momento speciale di condivisione.

**Chapter Summary**

Enzo visits an elegant pastry shop in Milan to buy a special cake for his sister Lucia's birthday. Inside the luxurious store, he feels a bit out of place and is surprised by the high prices of the cakes that the clerk suggests.

While deciding, he notices an artisanal panettone, a traditional Milanese Christmas cake that the bakery produces year-round. He opts for this - more affordable than the cakes, and with added cultural value. During the purchase, he also meets the pastry chef, an elderly man with a white mustache, who tells him about the family history behind the panettone recipe.

In the evening, when Lucia receives the gift, she is thrilled because she knows the shop's reputation. Enzo tells her about his experience at the pastry shop, and together they savor not only the cake but also the piece of Milanese tradition it represents, creating a special moment for the two of them.

## Controllo di comprensione

1. In quale città si trova la pasticceria?
   a) Roma
   b) Napoli
   c) Milano
   d) Torino

2. Perché Enzo vuole comprare un dolce?
   a) Per il suo compleanno
   b) Per il compleanno di sua sorella
   c) Per una festa con amici
   d) Per un regalo di Natale

3. Quale dolce compra alla fine Enzo?
   a) Una torta ai frutti di bosco
   b) Una torta al limone
   c) Un panettone artigianale
   d) Dei cioccolatini

4. Chi incontra Enzo nella pasticceria oltre alla commessa?
   a) Sua sorella
   b) Il pasticcere anziano
   c) Un amico
   d) Il proprietario del negozio

5. Da dove viene originariamente la sorella di Enzo?
    a) Milano
    b) Roma
    c) Torino
    d) Napoli

Risposte: 1-c, 2-b, 3-c, 4-b, 5-d

# 7. Il cinema d'essai

The Art-House Cinema

Lucia passeggia per le strade di Bologna in un **tranquillo** pomeriggio d'autunno. Il cielo è grigio, ma non piove. Le **foglie** gialle e arancioni cadono dagli alberi e formano un **tappeto** colorato sui **marciapiedi**. Lucia è una studentessa di lingue all'università e vive a Bologna da soli due mesi. Ogni weekend cerca di scoprire qualcosa di nuovo della città.

Mentre cammina per via Mascarella, nota un piccolo cinema con una facciata **vintage**. Non è uno dei grandi cinema moderni che mostrano i film di Hollywood. Questo sembra più antico e ha un'atmosfera **intima**. Sul cartellone c'è scritto "Cinema Aurora - Cinema d'essai". Sotto il nome del cinema, c'è il titolo di un film in bianco e nero italiano degli anni '60.

tranquillo - quiet

foglie - leaves

tappeto - carpet

marciapiedi - footpath

vintage - vintage

intima - intimate

*Cinema d'essai? Cosa significa "essai"?* Pensa Lucia.

Si avvicina per guardare meglio i **manifesti** del film. C'è la foto di un uomo e una donna che si guardano intensamente. Il titolo è "L'eclisse" di Michelangelo Antonioni.

Lucia non ha mai sentito parlare di questo film, ma è **curiosa**. Decide di entrare per chiedere informazioni.

All'interno, il cinema è piccolo ma **accogliente**. Le pareti sono decorate con vecchi poster di film classici. C'è una piccola **biglietteria** con un uomo anziano che legge un libro.

—Buongiorno, dice Lucia.

L'uomo **alza lo sguardo** dal libro e sorride.

—Buongiorno, signorina. Posso aiutarla?

—Mi scusi, chiede Lucia, cosa significa "cinema d'essai"?

—Ah, è un'espressione che viene dal francese, risponde l'uomo. Significa "cinema di prova" o "cinema di ricerca". Qui mostriamo film d'autore, classici, film che non sono commerciali ma hanno un valore artistico e culturale.

manifesti - posters

curiosa - curious

accogliente - welcoming

biglietteria - ticket office

alza lo sguardo - looks up from

—Capisco, dice Lucia. E questo film, "L'eclisse", di cosa **tratta**?

—È un **capolavoro** del cinema italiano, spiega l'uomo con **entusiasmo**. Parla di una giovane donna che termina una **relazione** amorosa e inizia una nuova storia con un giovane **agente** di **borsa**. Ma è molto più di una storia d'amore.

È un film sulla **comunicazione**, o meglio, sulla difficoltà di comunicare, sull'**alienazione** nella società moderna.

Lucia è ancora più interessata dopo questa descrizione.

—A che ora inizia il film?

—Abbiamo una **proiezione** tra mezz'ora, alle 17:00, e un'altra stasera alle 21:00.

Lucia guarda l'orologio. Ha tempo per vedere il film delle 17:00.

—Quanto costa il biglietto?

—Per gli studenti è 5 euro. Ha una **tessera** universitaria?

Lucia mostra la sua tessera universitaria e l'uomo le dà un biglietto.

---

**tratta** – is about

**capolavoro** – masterpiece

**entusiasmo** – enthusiasm

**relazione** – relationship

**agente di borsa** – stock broker

**comunicazione** – communication

**alienazione** – alienation

**proiezione** – screening

**tessera** – card

—Sala 1, posto libero. Può sedersi dove **preferisce**, non c'è molta gente il sabato pomeriggio.

—Grazie, dice Lucia.

Prima di entrare nella sala, Lucia vede un piccolo bar nell'**atrio** del cinema.

—C'è un **intervallo** durante il film? Chiede.

—Sì, a metà film c'è una pausa di dieci minuti. Molti spettatori **approfittano** per prendere un caffè o un tè.

Lucia entra nella sala. È piccola, con solo circa 50 posti, ma molto **confortevole**. Si siede in una poltrona rossa verso il centro. Ci sono solo altre sette o otto persone nella sala, principalmente persone più anziane.

Le luci si **abbassano** e il film inizia. È in italiano, ovviamente, ma Lucia è felice di poter praticare la lingua. I dialoghi non sono molti, e quando i personaggi parlano, lo fanno lentamente e chiaramente. Anche se non capisce tutte le parole, Lucia riesce a seguire la storia.

**preferisce** - you prefer

**atrio** – lobby

**intervallo** – intermission

**approfittano** - make the most of/take advantage of

**confortevole** – comfortable

**abbassano** – dim, lower

Il film è in bianco e nero, con immagini bellissime di Roma negli anni '60. I personaggi sembrano sempre **distanti** tra loro, sia fisicamente che emotivamente. C'è una sensazione di **vuoto** e di silenzio che Lucia trova **affascinante**.

A metà film, **come promesso**, c'è un intervallo. Le luci si riaccendono e gli spettatori si alzano lentamente. Lucia va al piccolo bar nell'atrio e ordina un espresso.

—Le piace il film? Chiede il barista mentre prepara il caffè.

—Sì, molto, risponde Lucia. È diverso dai film che vedo di solito, ma è **interessante**.

—Antonioni è un **regista** che divide il pubblico, dice il barista. Alcuni lo trovano noioso, altri un genio. I suoi film sono pieni di **simboli** e richiedono attenzione.

—Ho notato che ci sono molti momenti di silenzio, osserva Lucia.

—Esatto! Per Antonioni, quello che non viene detto è importante quanto le parole.

**distanti** - distant

**vuoto** - emptiness

**affascinante** - fascinating

**come promesso** - as promised

**interessante** - interesting

**regista** - director

**simboli** - symbols

Lucia prende il suo caffè e torna in sala per la seconda parte del film. Ora, con le parole del barista in mente, presta ancora più attenzione ai silenzi, agli **sguardi** tra i personaggi, ai momenti in cui sembrano **incapaci** di esprimere i loro sentimenti.

Quando il film finisce, Lucia rimane seduta per qualche momento, **immersa** nei suoi pensieri. Non ha capito tutto, ma ha sentito l'**atmosfera** del film, la sua bellezza visiva, la sua **profondità** emotiva.

Uscendo dal cinema, l'uomo della biglietteria la saluta.

—Le è piaciuto il film?

—Molto, risponde Lucia. Anche se non ho capito tutto.

—Non si **preoccupi**, sorride l'uomo. I film di Antonioni non sono fatti per essere compresi completamente la prima volta. Sono come la poesia, bisogna **lasciarsi** trasportare dalle immagini, dalle emozioni.

—Avete altri film come questo?

---

**sguardi** - glances, looks

**incapaci** - incapable

**immersa** - immersed

**atmosfera** - atmosphere

**profondità** - depth

**preoccupi** - worry

**lasciarsi** - to let oneself

—Certamente! Abbiamo un **programma** diverso ogni settimana. Le posso dare questo, dice, porgendole un piccolo **opuscolo**.

Lucia prende l'opuscolo e vede che contiene la programmazione del cinema per il mese successivo. Ci sono film italiani, francesi, giapponesi, tutti classici del cinema mondiale.

—Abbiamo anche una tessera per dieci **ingressi** a prezzo ridotto, se è interessata, aggiunge l'uomo.

Lucia sorride.

—Sì, penso che tornerò. Questo posto è una bella **scoperta**.

Camminando verso casa, Lucia pensa al film, alle immagini in bianco e nero di Roma, ai **personaggi** che sembrano persi nella grande città. Pensa anche a come, nonostante le difficoltà con la lingua, sia riuscita a entrare nel mondo del film, a sentire le emozioni dei personaggi.

*Forse è proprio questo il potere del cinema*, pensa. *Ci permette di vivere altre vite, di vedere il mondo attraverso altri occhi.*

---

**programma** – schedule

**opuscolo** – brochure

**ingressi** – entries, admissions

**scoperta** – discovery

**personaggi** – characters

Lucia mette l'opuscolo del cinema nella **borsa**, già sicura che il Cinema Aurora diventerà uno dei suoi **luoghi** preferiti a Bologna, un posto dove potrà non solo **migliorare** il suo italiano, ma anche scoprire nuovi mondi attraverso il grande cinema.

**borsa** - bag

**luoghi** - places

**migliorare** - improve

**Vocabolari**

tranquillo - quiet
foglie - leaves
tappeto - carpet
marciapiedi - footpath
vintage – vintage
intima – intimate
manifesti – posters
curiosa – curious
accogliente – welcoming
biglietteria – ticket office
alza lo sguardo - looks up from
tratta – is about
capolavoro - masterpiece
entusiasmo – enthusiasm
relazione – relationship
agente di borsa - stockbroker (*Note: 'borsa' can mean stock market, in this case, but also 'bag' in other cases*).
comunicazione – communication
alienazione – alienation
proiezione – screening
tessera – card
preferisce - you prefer
atrio – lobby
intervallo – intermission
approfittano - make the most of/take advantage of
confortevole – comfortable
abbassano – dim, lower
distanti – distant
vuoto – emptiness
affascinante - fascinating
come promesso - as promised
interessante – interesting
regista - director
simboli – symbols
sguardi – glances, looks
immersa – immersed
incapaci - incapable
atmosfera – atmosphere
profondità - depth
preoccupi – worry
lasciarsi – to let oneself
programma – schedule
opuscolo – brochure
borsa - bag
ingressi – admissions
scoperta – discovery
personaggi - characters
luoghi - places
migliorare - improve

## Riassunto del capitolo

Lucia, una studentessa di lingue che vive a Bologna da poco tempo, scopre per caso un piccolo cinema d'essai chiamato "Cinema Aurora" mentre passeggia per la città in un pomeriggio d'autunno. Incuriosita dal concetto di cinema d'essai e dal film in programmazione, "L'eclisse" di Antonioni, decide di entrare per chiedere informazioni e finisce per acquistare un biglietto per la proiezione imminente.

Durante la visione del film in bianco e nero, Lucia si immerge nell'atmosfera particolare creata dal regista, nonostante non comprenda tutte le parole dei dialoghi in italiano. Nell'intervallo, scambia alcune riflessioni con il barista del cinema, che le offre spunti per apprezzare meglio lo stile di Antonioni, caratterizzato da silenzi eloquenti e comunicazione non verbale.

Terminata la proiezione, Lucia si sente arricchita dall'esperienza e decide che tornerà al Cinema Aurora, che diventerà uno dei suoi luoghi preferiti a Bologna. Comprende che il cinema, oltre a essere un modo per migliorare il suo italiano, rappresenta anche un'opportunità per esplorare nuovi mondi e prospettive attraverso l'arte cinematografica.

## Chapter Summary

Lucia, a language student who has recently moved to Bologna, accidentally discovers a small arthouse cinema called "Cinema Aurora" while walking through the city on an autumn afternoon. Intrigued by the concept of arthouse cinema and the scheduled film, Antonioni's "L'eclisse," she decides to enter to ask for information and ends up buying a ticket for the upcoming screening.

During the viewing of the black and white film, Lucia immerses herself in the particular atmosphere created by the director, despite not understanding all the words in the Italian dialogue. During the intermission, she exchanges some reflections with the cinema's bartender, who offers insights to better appreciate Antonioni's style, characterized by eloquent silences and non-verbal communication.

After the screening, Lucia feels enriched by the experience and decides she will return to Cinema Aurora, which could become one of her favorite places in Bologna. She understands that cinema, in addition to being a way to improve her Italian, also represents an opportunity to explore new worlds and perspectives through cinematic art.

## Controllo di comprensione

1. In quale città si trova Lucia?
    a) Roma
    b) Milano
    c) Bologna
    d) Firenze

2. Che tipo di cinema è il "Cinema Aurora"?
    a) Un multisala moderno
    b) Un cinema d'essai
    c) Un cinema all'aperto
    d) Un cinema per bambini

3. Quale film vede Lucia al cinema?
    a) Un film americano moderno
    b) Un documentario italiano
    c) "L'eclisse" di Michelangelo Antonioni
    d) Una commedia romantica

4. Cosa succede a metà del film?
   a) Lucia lascia il cinema
   b) C'è un intervallo e Lucia prende un caffè
   c) Il film cambia improvvisamente storia
   d) Si verifica un problema tecnico

5. Cosa decide Lucia alla fine della storia?
   a) Di non tornare più al cinema
   b) Di studiare cinema all'università
   c) Di trasferirsi a Roma
   d) Di tornare al Cinema Aurora in futuro

Risposte: 1-c, 2-b, 3-c, 4-b, 5-d

# 8. Il contadino e il turista

The Farmer and the Tourist

Aaron guida la sua piccola auto a **noleggio** su una stradina di campagna in Puglia. È americano, ha 28 anni e sta visitando l'Italia per la prima volta. Dopo aver visto Roma, Firenze e Venezia, ha deciso di esplorare il sud dell'Italia, meno **turistico** ma **ugualmente** affascinante.

Oggi sta cercando di **raggiungere** un piccolo borgo che il suo libro **guida** descrive come "un gioiello medievale **nascosto** tra gli ulivi". Ma c'è un problema: Aaron è **perso**. Il navigatore del suo telefono non funziona bene in questa zona rurale e la **connessione** è debole.

**noleggio** - rental

**turistico** - touristy

**ugualmente** - equally

**raggiungere** - to reach

**guida** - guide

**nascosto** - hidden

**perso** - lost

**connessione** - connection

Aaron decide di fermarsi e chiedere **indicazioni** a qualcuno. Guarda intorno a sé e vede, in lontananza, un uomo anziano che lavora in un **campo** di ulivi.

Aaron parcheggia l'auto e cammina verso il campo. L'aria è calda e profumata di **erbe** selvatiche. Mentre si avvicina, vede che l'uomo sta potando un **ulivo** con movimenti lenti ma sicuri.

—Buongiorno, dice Aaron con il suo italiano limitato e un forte accento americano.

L'uomo si volta, sorpreso di vedere uno **straniero** in questa zona remota. È anziano, forse sui 70 anni, con la pelle **rugosa** e scurita dal sole. Indossa un cappello di **paglia** e pantaloni di lavoro sporchi di terra.

—Buongiorno, risponde l'uomo con un forte accento pugliese.

Aaron cerca di ricordare le frasi in italiano che ha imparato dalla sua **guida** turistica.

—Mi sono perso. Sto cercando... um... Castel... Castel del Monte?

L'uomo sorride, mostrando alcuni **denti** mancanti, e scuote la testa.

---

**indicazioni** - directions

**campo** - field

**erbe** *selvatiche* - *wild* herbs

**ulivo** - olive tree

**straniero** - foreigner

**rugosa** - wrinkled

**paglia** - straw/hay

**guida** - guide

**denti** - teeth

—Castel del Monte? Chiede con una risata. Sta lontano, molto lontano!

Aaron capisce che ha sbagliato completamente strada.

—Dove siamo? Chiede, facendo un gesto circolare con le mani.

—Siamo a **masseria** Caputo. Questa è la mia terra. Io sono Giuseppe.

masseria - farmhouse

Aaron non capisce la parola "masseria", ma intuisce che dev'essere il nome della zona.

—Io sono Aaron, dice, indicando se stesso. Sono americano.

—Ah, americano! Esclama Giuseppe con un sorriso più ampio. Mio **nipote** sta in America! New York!

nipote - nephew/grandson

Aaron sorride. Ha trovato un punto di connessione.

—New York è bella, dice. Io sono di Boston.

Giuseppe annuisce e, con gesti **espressivi**, inizia a spiegare la strada ad Aaron, indicando la direzione e facendo movimenti con le mani. Aaron capisce solo alcune parole: "destra", "sinistra", "chilometri".

Aaron prende il suo telefono e apre l'applicazione della mappa.

—Puoi... um... mostrarmi? Chiede, porgendo il telefono a Giuseppe.

L'anziano **contadino** guarda il telefono con **diffidenza** e scuote la testa.

—No capisco, dice. No uso queste cose moderne.

Aaron si rende conto che Giuseppe non ha familiarità con gli smartphone. Ha un'idea. Tira fuori dalla tasca un **taccuino** e una penna.

—Possiamo disegnare? Chiede, mimando l'atto di disegnare.

Giuseppe sorride e annuisce. Aaron disegna una **mappa** molto semplice con una strada e un punto che rappresenta dove si trovano ora. Poi disegna un castello con un **punto interrogativo**.

**espressivi** - expressive

**contadino** - farmer

**diffidenza** - mistrust

**taccuino** - notebook

**mappa** - map

**punto interrogativo** - question mark

Giuseppe osserva il disegno, poi prende la penna e fa un segno sulla strada, molto più avanti. Disegna anche alcune curve.

—Devi andare di qua, dice, tracciando la strada con il dito. Poi a destra, poi ancora avanti. Molto lontano.

Aaron non capisce tutte le parole, ma il disegno è chiaro.

—Grazie, dice Aaron con gratitudine.

Giuseppe fa un gesto con la mano, poi si dirige verso un piccolo **capanno** in pietra vicino al campo. Fa **segno** ad Aaron di seguirlo.

**capanno** - shed

**segno** - sign

All'interno del capanno, che è fresco nonostante il caldo esterno, Giuseppe prende una bottiglia di vetro e due piccoli bicchieri. Versa un liquido **ambrato** in entrambi.

**ambrato** - amber-colored

—**Limoncello**, dice Giuseppe con orgoglio. Fatto da me.

**limoncello** - lemon liqueur

Aaron sa cos'è il limoncello. Prende il bicchiere e dice:

—Grazie. **Salute**!

**salute** - cheers

—Salute! Risponde Giuseppe, e bevono insieme.

Il limoncello è dolce e forte, con un intenso sapore di limone. Aaron sente il calore del liquore **scendere** attraverso la gola.

—Buono! Esclama sinceramente.

Giuseppe sorride, evidentemente **soddisfatto** del complimento.

Poi, con gesti e poche parole, Giuseppe indica gli ulivi intorno e spiega che la sua famiglia coltiva questi alberi da quattro **generazioni**. Prende un'altra bottiglia, questa volta di **olio d'oliva**, e ne versa un po' su un pezzo di pane. Lo offre ad Aaron.

Aaron assaggia il pane con l'olio. È delizioso, con un sapore **intenso** e leggermente piccante.

—Fantastico! Dice.

Giuseppe sembra capire e sorride con **orgoglio**.

Con più gesti che parole, Giuseppe racconta ad Aaron della sua vita in **campagna**, della sua famiglia, dei suoi figli che ora vivono in città. Aaron capisce solo una parte di ciò che dice, ma percepisce la **passione** e l'amore che Giuseppe ha per la sua terra.

---

**scendere** - to go down

**soddisfatto** - satisfied

**generazioni** - generations

**olio** d'oliva - olive *oil*

**intenso** - intense

**orgoglio** - pride

**campagna** - countryside

**passione** - passion

Dopo circa mezz'ora di questa conversazione **singolare**, fatta di poche parole e molti gesti, Aaron decide che è ora di riprendere il suo viaggio.

**singolare** - unusual

—Devo andare ora, dice, indicando l'auto. Grazie mille per... tutto.

Giuseppe annuisce comprensivo. Poi, con un gesto improvviso, prende la bottiglia di olio d'oliva e la porge ad Aaron.

—Per te, dice. **Regalo**. Ricordo di Puglia.

**regalo** - gift

Aaron è sorpreso e commosso da questo gesto di **generosità**.

**generosità** - generosity

—Grazie, grazie mille, dice, accettando il regalo. È molto gentile.

Giuseppe lo accompagna fino all'auto e gli ripete le indicazioni, sempre con un misto di parole e gesti. Prima che Aaron parta, gli stringe la mano con forza.

—Buon viaggio, americano, dice. E torna in Puglia!

Aaron sorride e annuisce.

—Tornerò, promette. Grazie ancora.

Mentre guida seguendo le indicazioni di Giuseppe, Aaron riflette sull'incontro appena avvenuto. **Nonostante** la **barriera** linguistica, è riuscito a comunicare con questo anziano contadino pugliese. C'è stata una connessione umana che ha superato le differenze di età, cultura e lingua.

Aaron guarda la bottiglia di olio d'oliva sul sedile del passeggero. Questo non è solo un souvenir, pensa, ma il simbolo di un'**ospitalità** autentica e di un'esperienza che ricorderà per molto tempo.

Alla fine, raggiunge una strada più grande, con cartelli che indicano la direzione per Castel del Monte. Le indicazioni di Giuseppe erano **precise**, nonostante la semplicità del disegno.

Quel giorno, Aaron non visita solo un castello medievale, ma scopre anche l'anima **genuina** della Puglia, incarnata in un anziano contadino che gli ha offerto limoncello fatto in casa e un dono prezioso.

---

**Nonostante** - despite

**barriera** - barrier

**ospitalità** - hospitality

**precise** - accurate

**genuina** - genuine

**Vocabolario**

noleggio - rental
turistico - touristy
ugualmente - equally
raggiungere - to reach
guida - guide
nascosto - hidden
perso - lost
connessione - connection
indicazioni - directions
campo - field
erbe *selvatiche* - *wild* herbs
ulivo - olive tree
straniero - foreigner
rugosa - wrinkled
paglia - straw/hay
denti - teeth
masseria - farmhouse
nipote - nephew/grandson
espressivi - expressive
contadino - farmer
diffidenza - mistrust
taccuino - notebook
mappa - map
punto interrogativo - question mark

capanno - shed
segno - sign
ambrato - amber-colored
limoncello - lemon liqueur
salute - cheers
scendere - to go down
soddisfatto - satisfied
generazioni - generations
*olio* d'oliva - olive *oil*
intenso - intense
orgoglio - pride
campagna - countryside
passione - passion
singolare - unusual
regalo - gift
generosità - generosity
Nonostante - despite
barriera - barrier
ospitalità - hospitality
precise - accurate
genuina - genuine

**Riassunto del capitolo**

Aaron, un turista americano, si perde mentre guida per le campagne della Puglia cercando di raggiungere Castel del Monte. Con il navigatore fuori servizio, si ferma a chiedere indicazioni a Giuseppe, un anziano contadino che sta lavorando in un uliveto. Nonostante la barriera linguistica, i due tentano di comunicare utilizzando poche parole, molti gesti e alcuni disegni su un taccuino.

Giuseppe invita Aaron nel suo capanno, dove gli offre del limoncello fatto in casa e gli racconta, più con gesti che con parole, della sua vita e della sua famiglia che coltiva ulivi da quattro generazioni. Gli fa assaggiare anche l'olio d'oliva prodotto nella sua masseria, che Aaron trova delizioso.

Prima che Aaron riparta, Giuseppe gli regala una bottiglia del suo olio come ricordo della Puglia. Seguendo le indicazioni ricevute, Aaron riesce a ritrovare la strada giusta, portando con sé non solo il regalo ricevuto, ma anche l'esperienza di un incontro autentico che ha superato le barriere linguistiche e culturali.

**Chapter Summary**

Aaron, an American tourist, gets lost while driving through the countryside of Puglia trying to reach Castel del Monte. With his GPS out of service, he stops to ask for directions from Giuseppe, an elderly farmer working in an olive grove. Despite the language barrier, the two attempt to communicate using few words, many gestures, and some drawings in a notebook.

Giuseppe invites Aaron to his shed, where he offers him homemade limoncello and tells him, more with gestures than with words, about his life and his family that has been cultivating olive trees for four generations. He also lets Aaron taste the olive oil produced on his farm, which Aaron finds delicious.

Before Aaron leaves, Giuseppe gives him a bottle of his oil as a memento of Puglia. Following the directions he received, Aaron manages to find the right road, taking with him not only the gift he received, but also the experience of an authentic encounter that overcame linguistic and cultural barriers.

## Controllo di comprensione

1. Di quale nazionalità è Aaron?
    a) Italiano
    b) Inglese
    c) Americano
    d) Tedesco

2. Cosa sta cercando Aaron quando si perde?
    a) Una spiaggia
    b) Castel del Monte
    c) Un ristorante tipico
    d) La casa di un amico

3. Come comunicano principalmente Aaron e Giuseppe?
    a) Parlando fluentemente in italiano
    b) Usando un'applicazione di traduzione
    c) Con gesti, disegni e poche parole
    d) Attraverso un interprete

4. Cosa offre Giuseppe ad Aaron nel capanno?
    a) Vino rosso e formaggio
    b) Acqua e pane
    c) Caffè espresso
    d) Limoncello e pane con olio d'oliva

5. Quale regalo fa Giuseppe ad Aaron alla fine?
   a) Una bottiglia di limoncello
   b) Una bottiglia di olio d'oliva
   c) Una mappa della zona
   d) Un cestino di frutta

Risposte: 1-c, 2-b, 3-c, 4-d, 5-b

# 9. Due biglietti per il teatro, per favore

Two Tickets for the Theatre, Please

Martina cammina velocemente per le strade di Verona. È venerdì pomeriggio e ha appena finito di lavorare. Il centro della città è **affollato** di turisti che ammirano i bellissimi edifici storici. Martina, però, ha una **missione**: comprare due biglietti per lo **spettacolo** "Romeo e Giulietta" al Teatro Romano.

Domenica è il compleanno di Paolo, il suo fidanzato, e vuole fargli una **sorpresa**. Paolo ama il teatro e vedere Romeo e Giulietta a Verona, la città dove Shakespeare ha **ambientato** la famosa **tragedia**, sarebbe un regalo perfetto.

**affollato** - crowded

**missione** - mission

**spettacolo** - show

**sorpresa** - surprise

**ambientato** - set

**tragedia** - tragedy

Martina ha cercato di comprare i biglietti online, ma il sito web era solo in italiano e lei, essendo di Madrid e vivendo in Italia da sei mesi, ha trovato alcune **difficoltà** con i termini tecnici. Preferisce andare **di persona** alla **biglietteria**.

Il Teatro Romano si trova sulla riva del fiume Adige, in una posizione panoramica con vista sulla città. È un antico teatro romano **costruito** nel I secolo a.C., ora utilizzato per **spettacoli estivi**.

Martina attraversa il Ponte Pietra e sale la **collina** verso il teatro. È una bella giornata di giugno, calda ma non troppo, con un cielo azzurro senza nuvole.

Arrivata all'ingresso del teatro, Martina vede un piccolo **chiosco** con la scritta "Biglietteria". C'è una breve fila di persone che aspettano.

Mentre è in fila, Martina ripassa mentalmente cosa dire in italiano. Sa che deve chiedere due biglietti per domenica sera, ma è un po' **nervosa**. Vuole essere sicura di **farsi capire** correttamente.

Finalmente è il suo turno. Dietro lo **sportello** c'è una signora di mezza età con gli occhiali e i capelli biondi.

---

**difficoltà** - difficulties

**di persona** - in person

**biglietteria** - ticket office

**costruito** - built

**spettacoli estivi** - summer shows

**collina** - hill

**chiosco** - kiosk

**nervosa** - nervous

**farsi capire** - make oneself understood

**sportello** - counter

—Buongiorno, dice Martina con un leggero accento spagnolo.

—Buongiorno, come posso aiutarla? Risponde la donna con un sorriso cortese.

—Vorrei comprare due biglietti per Romeo e Giulietta, per favore. Per domenica sera.

—Certo. Preferisce posti in platea o in **galleria**?

galleria - gallery

Martina non è sicura della differenza tra "platea" e "galleria".

—Mi scusi, può spiegarmi la differenza? Chiede.

—La platea è la zona **principale,** più vicina al **palcoscenico**, spiega la signora con pazienza. La galleria è più in alto, **sui lati**.

**principale** - main

**palcoscenico** - stage

**sui** *lati* - on the *sides*

—Ah, capisco! In platea, per favore, dice Martina.

—Bene. Abbiamo posti nella fila E, numeri 24 e 25, o fila H, numeri 10 e 11. Quale preferisce?

—Fila E, per favore.

—Ottima scelta, sono posti centrali, dice la signora. Il prezzo è di 28 euro a biglietto, quindi 56 euro in totale.

—Va bene, risponde Martina, prendendo il **portafoglio** dalla borsa.

Mentre conta i soldi, la signora chiede:

—**Mi serve** il suo nome e un numero di telefono, per favore.

—Martina Gómez, e il mio numero è 333-456-7890.

La signora annota le informazioni e poi chiede:

—Paga **in contanti** o con carta?

—Con carta, per favore, risponde Martina.

Dopo aver completato il **pagamento**, la signora stampa i biglietti e li porge a Martina.

—Ecco i suoi biglietti. Lo spettacolo inizia alle 21:00, ma consiglio di arrivare mezz'ora prima. L'**ingresso** è da quella porta là, dice, indicando un'entrata sul lato del teatro.

—Grazie mille! Dice Martina, controllando i biglietti. Nota una cosa che la fa **esitare**. C'è una nota che dice "In caso di **maltempo**, lo spettacolo si terrà al Teatro Nuovo".

—Mi scusi, chiede Martina. Cosa significa "maltempo"?

**portafoglio** - wallet

**Mi serve** - I need

**in contanti** - in cash

**pagamento** - payment

**ingresso** - entrance

**esitare** - hesitate

**maltempo** - bad weather

## Vocabolario

affollato - crowded
missione - mission
spettacolo - show
sorpresa - surprise
ambientato - set
tragedia - tragedy
difficoltà - difficulties
biglietteria - ticket office
di persona - in person
costruito - built
spettacoli *estivi* - summer shows
collina - hill
chiosco - kiosk
nervosa - nervous
farsi capire - make oneself understood
sportello - counter
galleria - gallery
palcoscenico - stage
sui lati - on the sides
portafoglio - wallet
Mi serve - I need
in contanti - in cash
pagamento - payment
ingresso - entrance
esitare - hesitate
maltempo - bad weather
sede - location
spiegazione - explanation
serata - evening
pasticceria - pastry shop
con cura - with care/carefully
dolce - dessert, sweet
glassa - icing
per fortuna - luckily
misterioso - mysterious
gioia - joy
riuscita - successful
atmosfera - atmosphere
attesa - expectation
sforzi - efforts
prologo - prologue
rapito - captivated
felicità - happiness

## Riassunto del capitolo

Martina, una ragazza spagnola che vive a Verona da sei mesi, vuole fare una sorpresa al suo fidanzato Paolo per il suo compleanno. Decide di comprare biglietti per lo spettacolo "Romeo e Giulietta" al Teatro Romano, sapendo quanto Paolo ami il teatro. Dopo aver avuto difficoltà con l'acquisto online a causa della barriera linguistica, si reca personalmente alla biglietteria.

Alla biglietteria, nonostante l'iniziale nervosismo, riesce a comunicare efficacemente in italiano, chiedendo informazioni sui diversi tipi di posti e sulle procedure in caso di maltempo. Acquista due biglietti in platea e successivamente compra anche una torta in una pasticceria locale.

La domenica sera, Martina rivela finalmente la sorpresa a Paolo, che è estremamente felice ed emozionato. Mentre assistono allo spettacolo nell'atmosfera magica del Teatro Romano di Verona, Martina si rende conto che, nonostante non comprenda ogni parola della rappresentazione in italiano, può sentire perfettamente la gioia che ha portato al suo fidanzato con questo pensiero speciale.

## Chapter Summary

Martina, a Spanish girl who has been living in Verona for six months, wants to surprise her boyfriend Paolo for his birthday. She decides to buy tickets for the "Romeo and Juliet" show at the Roman Theatre, knowing how much Paolo loves theater. After having difficulties with the online purchase due to the language barrier, she goes to the ticket office in person.

At the ticket office, despite her initial nervousness, she manages to communicate effectively in Italian, asking about different types of seats and what would happen in case of bad weather. She purchases two tickets in the stalls and then buys a cake at a local pastry shop.

On Sunday evening, Martina finally reveals the surprise to Paolo, who is extremely happy and moved. As they watch the show in the magical atmosphere of Verona's Roman Theatre, Martina realizes that, even though she doesn't understand every word of the Italian performance, she can see the joy she has brought to her boyfriend with this special gift.

**Controllo di comprensione**
1. Di quale nazionalità è Martina?
    a) Italiana
    b) Francese
    c) Spagnola
    d) Inglese

2. Che regalo compra Martina per Paolo?
    a) Un libro di Shakespeare
    b) Biglietti per Romeo e Giulietta
    c) Una cena in un ristorante romantico
    d) Un viaggio a Verona

3. Perché Martina va alla biglietteria di persona?
    a) Perché i biglietti online erano esauriti
    b) Perché non ha una carta di credito
    c) Perché ha avuto difficoltà con il sito web in italiano
    d) Perché vuole scegliere i posti migliori

4. Cosa succede in caso di maltempo?
    a) Lo spettacolo viene cancellato
    b) Lo spettacolo viene rimandato
    c) Lo spettacolo si tiene in un altro teatro
    d) Gli spettatori ricevono un rimborso

5. Come reagisce Paolo alla sorpresa?
    a) È deluso perché preferiva un altro regalo
    b) È felice ed emozionato
    c) È sorpreso ma preoccupato per il prezzo dei biglietti
    d) È indifferente perché non ama il teatro

Risposte: 1-c, 2-b, 3-c, 4-c, 5-b

# 10. La casa in campagna

The House in the Countryside

Luca guida la sua piccola Fiat lungo una strada di **campagna** nella Toscana centrale. È una calda giornata di luglio e i campi di girasoli creano un mare giallo che si estende fino alle colline. Ha abbassato tutti i finestrini perché l'aria condizionata non funziona bene, e l'aria calda ma **profumata** di erbe selvatiche entra nell'auto.

**campagna** - countryside

**profumata** - fragrant

Ha trentadue anni, vive a Firenze e lavora come architetto. Due settimane fa ha ricevuto una lettera da un **notaio** che gli comunicava che suo zio Antonio è morto e gli ha lasciato in **eredità** una piccola casa in campagna.

**notaio** - notary

**eredità** - inheritance

Luca non vedeva lo zio da molti anni. Antonio era sempre stato un **solitario**, un uomo che preferiva la vita tranquilla in campagna.

Luca guarda il navigatore sul telefono. Dovrebbe essere quasi arrivato. **Rallenta** e cerca il numero civico sulla strada. Finalmente lo vede: un piccolo **cartello** di metallo **arrugginito** con il numero 37. C'è un vialetto sterrato che si addentra tra gli ulivi.

Dopo una curva, vede la casa. È una tipica casa colonica toscana, costruita in pietra con il tetto di **tegole** rosse. È più piccola di quanto immaginasse, ma ha un certo **fascino**. Intorno alla casa c'è un giardino con erba alta e alcuni alberi da frutto. C'è anche un vecchio **pozzo** di pietra.

Luca parcheggia e **scende**. Il silenzio è quasi totale, interrotto solo dal canto degli uccelli e dal suono delle **cicale**. È una sensazione strana per lui, abituato al rumore costante della città.

Si avvicina alla porta d'ingresso e prende **le chiavi** che il notaio gli ha dato. La serratura è un po' arrugginita, ma dopo qualche tentativo, la chiave gira e la porta si apre.

---

**solitario** - solitary, loner

**Rallenta** - slow down

**cartello** - sign

**arrugginito** - rusty

**tegole** - roof tiles

**fascino** - charm

**pozzo** - pond

**scende** - gets out (of the car)

**cicale** - cicadas

**le chiavi** - the keys

L'interno della casa è in **penombra** perché le **persiane** sono chiuse. C'è odore di chiuso e di polvere. Luca apre una persiana e la luce del sole entra, rivelando una stanza semplice ma accogliente. C'è un divano vecchio ma in buone condizioni, un tavolo di legno con quattro sedie, e una **credenza** antica.

Luca si muove lentamente per la casa, esplorando ogni stanza. Ci sono una piccola **cucina** con **elettrodomestici** datati, un bagno semplice, e una camera da letto con un grande letto di legno. Tutto è coperto da polvere, ma sembra che lo zio tenesse la casa in ordine.

In cucina, trova una vecchia **caffettiera** sul fornello. Gli ricorda le domeniche quando era bambino e andava a trovare i nonni. Decide di **dare un'occhiata** al piano superiore.

Sale le **scale** di legno, che **scricchiolano** sotto i suoi piedi. Al piano di sopra c'è un piccolo studio con una scrivania vicino alla finestra e molti libri sugli **scaffali**. C'è anche una piccola camera, probabilmente per gli **ospiti**.

Sulla scrivania, Luca nota un diario. Lo apre con **curiosità** e vede che è scritto a mano dallo zio Antonio.

---

**penombra** - semi-darkness

**persiane** - shutters

**credenza** - dresser

**cucina** - kitchen

**elettrodomestici** - appliances

**caffettiera** - coffee pot

**dare un'occhiata** - have a look

**scale** - stairs

**scricchiolano** - creak

**scaffali** - shelves

**ospiti** - guests

**curiosità** - curiosity

Le pagine sono piene di osservazioni sulla natura, sulla vita in campagna, sui cambiamenti delle **stagioni**. Luca è sorpreso: non sapeva che suo zio fosse un osservatore così attento.

*Chi era veramente lo zio Antonio?* si chiede Luca. *Perché ha scelto di lasciarmi questa casa?*

Torna al **piano terra** e apre tutte le persiane. La luce ora **riempie** la casa, mostrandone i dettagli: le travi di legno del soffitto, il pavimento di **cotto** tipico toscano, i muri spessi che mantengono la casa fresca.

Luca si siede sul divano e guarda intorno a sé. La casa ha bisogno di pulizia e di qualche lavoro, ma è solida e ha un'atmosfera **particolare**. Può capire perché lo zio Antonio amasse vivere qui.

Decide di uscire a esplorare il **terreno** intorno alla casa. Dietro c'è un piccolo **orto**, ora pieno di erbacce, e alcuni alberi da frutto: un ciliegio, un pero, un fico. C'è anche un ulivo centenario, **maestoso** e **nodoso**.

Mentre cammina sotto il sole caldo, Luca inizia a sentire un senso di pace che non provava da tempo. La vita a Firenze è frenetica, piena di **scadenze** lavorative, traffico, rumore. Qui tutto sembra rallentare.

---

*stagioni* - seasons

*piano terra* - *ground* floor

*riempie* - fills

*cotto* - terracotta

*particolare* - special

*terreno* - land

*orto* - veggie garden

*maestoso* - majestic

*nodoso* - knotty

*scadenze* - deadlines

Torna verso la casa e nota una vecchia bicicletta appoggiata al muro. Sembra ancora in buone condizioni. Luca sorride pensando a come sarebbe bello esplorare le stradine di campagna in bicicletta.

Rientra in casa e va in cucina. Apre il **frigorifero** ma è vuoto e **spento**. Dovrà andare al supermercato nel paese vicino se vuole mangiare qualcosa.

Prima di uscire, decide di dare un'ultima occhiata alla casa. Si ferma davanti alle **fotografie** sul muro del soggiorno. Ce n'è una che mostra lo zio Antonio da giovane, con una donna che Luca non riconosce. Sembrano felici.

Improvvisamente, si rende conto che questa casa è piena di storie e di **ricordi** che non conosce. Si sente quasi un **intruso**, ma allo stesso tempo è curioso di scoprire di più.

Mentre sta per uscire, Luca nota una lettera sul tavolo, con il suo nome scritto a mano. La apre con curiosità.

**frigorifero** - refrigerator

**spento** - turned off

**fotografie** - photographs

**si rende conto** - he realizes

**ricordi** - memories

**intruso** - intruder

«Caro Luca, Se stai leggendo questa lettera, significa che io non ci sono più e tu hai ereditato la mia casa. Forse ti starai chiedendo perché ho scelto te. La risposta è semplice: quando eri bambino e venivi a trovarmi, vedevo nei tuoi occhi lo stesso amore per la natura che ho sempre avuto io. Spero che questa casa possa essere per te un **rifugio** dalla vita frenetica della città. Con affetto, Zio Antonio»

rifugio - refuge

Luca è commosso. Ricorda le visite allo zio quando era piccolo, le passeggiate nei campi. **Ricordi** che aveva quasi **dimenticato** ma che ora tornano nella sua mente.

Ricordi - memories

dimenticato - forgotten

Esce dalla casa e guarda il panorama intorno a sé: le colline verdi, i campi di girasoli, il cielo blu. Improvvisamente, capisce perché lo zio Antonio amava tanto questo posto. Non è solo una casa in campagna; è un modo di vivere, un ritmo diverso.

Luca decide di andare al paese vicino per comprare il necessario per passare qualche giorno nella casa. Mentre guida, pensa a come potrebbe **ristrutturare** la casa senza alterarne il carattere originale. Come architetto, ha molte idee.

ristrutturare - renovate

Nel piccolo supermercato del paese, compra cibo e prodotti per **la pulizia**. La commessa, una signora anziana, gli sorride.

—Lei è il nipote di Antonio, vero? chiede. Si vede la **somiglianza**.

Luca è sorpreso.

—Sì, sono Luca. Conosceva mio zio?

—Certo, tutti qui conoscevano Antonio. Era un uomo **gentile** e molto rispettato. Mi dispiace per la sua perdita.

—Grazie, risponde Luca, toccato dal fatto che lo zio fosse così apprezzato.

Luca torna alla casa con le sue provviste. Passa il resto della giornata a pulire e scoprire piccoli dettagli: un'incisione sulla **trave del soffitto** con la data 1887; una collezione di conchiglie su una mensola; un vecchio **grammofono** ancora funzionante.

**Al tramonto**, si siede sulla piccola **terrazza** davanti alla casa con un bicchiere di vino locale. Il cielo si tinge di arancione e rosa, e l'aria si riempie del profumo di **rosmarino** e lavanda che crescono nel giardino.

---

**la pulizia** - cleaning

**somiglianza** - resemblance

**gentile** - kind

**trave del soffitto** - ceiling beam

**grammofono** - gramophone/record player

**Al tramonto** - at sunset

**terrazza** - terrace

**rosmarino** - rosemary

Per la prima volta da mesi, Luca si sente veramente **rilassato** e in pace. Pensa al suo lavoro a Firenze, alla sua vita frenetica. Poi guarda la casa, semplice ma autentica, e si chiede se non ci sia qualcosa di importante che sta perdendo vivendo sempre di corsa.

Quella sera, mentre si prepara per dormire, Luca prende una decisione: non venderà la casa. La terrà come un **rifugio** personale, un luogo dove tornare quando ha bisogno di pace. Forse la **affitterà** occasionalmente, ma principalmente sarà il suo spazio personale.

Si **addormenta** con il suono del vento tra gli ulivi e, per la prima volta da molto tempo, non sogna **progetti** architettonici o **scadenze** lavorative, ma campi verdi, cieli blu e una sensazione di libertà che aveva dimenticato.

rilassato - relaxed

rifugio - refuge

affitterà - rent out

addormenta - falls asleep

progetti - projects

scadenze - deadlines

## Vocabolario

campagna - countryside
profumata - fragrant
notaio - notary
eredità - inheritance
solitario - solitary, loner
rallenta - slow down
cartello - sign
arrugginito - rusty
tegole - roof tiles
fascino - charm
pozzo - pond
scende - gets out (of the car)
cicale - cicadas
le chiavi - the keys
penombra - semi-darkness
persiane - shutters
credenza - dresser
cucina - kitchen
elettrodomestici - appliances
caffettiera - coffee pot
dare un'occhiata - have a look
scale - stairs
scricchiolano - creak
scaffali - shelves
ospiti - guests
curiosità - curiosity
stagioni - seasons
piano terra - ground floor
riempie - fills
cotto - terracotta
particolare - special
terreno - land
orto - veggie garden
maestoso - majestic
nodoso - knotty
scadenze - deadlines
frigorifero - refrigerator
spento - turned off
fotografie - photographs
si rende conto - he realizes
ricordi - memories
intruso - intruder
rifugio - refuge
Ricordi - memories
dimenticato - forgotten
ristrutturare - renovate
la pulizia - cleaning
somiglianza - resemblance
gentile - kind
trave del soffitto - ceiling beam
grammofono - gramophone / record player
Al tramonto - at sunset
terrazza - terrace
rosmarino - rosemary
rilassato - relaxed
affitterà - rent out
addormenta - falls asleep
progetti - projects

**Riassunto del capitolo**

Luca, un architetto di 32 anni che vive a Firenze, riceve in eredità una piccola casa in campagna dal suo zio Antonio, che non vedeva da molti anni. Decide di andare a visitarla e scopre una tipica casa colonica toscana, semplice ma piena di fascino, circondata da un giardino e da campi di girasoli.

Esplorando la casa, Luca trova tracce della vita dello zio: fotografie, un diario con osservazioni sulla natura, e infine una lettera personale in cui Antonio spiega di avergli lasciato la casa perché vedeva in lui lo stesso amore per la natura. Durante la sua visita al paese vicino, Luca scopre che lo zio era molto rispettato nella comunità locale.

Trascorrendo del tempo nella casa, Luca comincia a sentire una pace e un senso di connessione con la natura che aveva dimenticato nella sua vita frenetica in città. Alla fine, decide di non vendere la proprietà, ma di tenerla come rifugio personale, un luogo dove tornare quando ha bisogno di ritrovare sé stesso.

**Chapter Summary**

Luca, a 32-year-old architect living in Florence, inherits a small country house from his uncle Antonio, whom he hadn't seen for many years. He decides to visit it and discovers a typical Tuscan farmhouse, simple but full of charm, surrounded by a garden and sunflower fields.

Exploring the house, Luca finds traces of his uncle's life: photographs, a diary with observations about nature, and a personal letter in which Antonio explains that he left him the house because he saw in him the same love for nature. During his visit to the nearby village, Luca discovers that his uncle was highly respected in the local community.

Spending time in the house, Luca begins to feel a peace and a sense of connection with nature that he had forgotten in his hectic city life. In the end, he decides not to sell the property, but to keep it as a personal refuge, a place to return to when he needs time to himself.

## Controllo di comprensione

1. Che lavoro fa Luca?
   a) Medico
   b) Insegnante
   c) Architetto
   d) Avvocato

2. Dove si trova la casa ereditata da Luca?
   a) In Sicilia
   b) In Toscana
   c) In Puglia
   d) In Lombardia

3. Cosa trova Luca sulla scrivania dello studio?
   a) Una lettera
   b) Un diario
   c) Una mappa
   d) Un testamento

4. Cosa decide di fare Luca con la casa alla fine della storia?
   a) Venderla
   b) Affittarla permanentemente
   c) Tenerla come rifugio personale
   d) Trasformarla in un hotel

5. Quale sentimento prova Luca mentre trascorre del tempo nella casa?
   a) Nostalgia
   b) Ansia
   c) Noia
   d) Pace e rilassamento

Risposte: 1-c, 2-b, 3-b, 4-c, 5-d

# 11. Il corso di cucina

## The Cooking Class

Claire cammina per le strade di Siena con una mappa in mano. È una bella giornata di primavera e il sole illumina le antiche **piazze** della città toscana. Claire è americana, ha 25 anni e studia italiano da sei mesi. È in Italia per un semestre di studio all'estero e ha deciso di **iscriversi** a un corso di cucina per migliorare il suo italiano e imparare a preparare i piatti tradizionali.

piazze - squares

iscriversi - to enroll

Il corso si tiene in una piccola scuola di cucina vicino a Piazza del Campo. Claire guarda l'**indirizzo** sul suo telefono e controlla di essere sulla strada giusta. Finalmente trova l'edificio e sale le scale fino al secondo piano. Davanti a una porta con un cartello che dice "La Cucina Toscana - Corsi e Degustazioni" si ferma, fa un respiro profondo e **bussa**.

indirizzo - address

bussa - knocks

—Avanti! dice una voce dall'interno.

Claire entra in una grande cucina moderna con sei postazioni di lavoro. Ci sono già alcune persone che **chiacchierano tra loro**. Un uomo con un grembiule bianco e un grande sorriso si avvicina a lei.

*chiacchierano tra loro - chatting amongst themselves*

—Buongiorno! Tu devi essere Claire, vero? Io sono Marco, lo chef **insegnante** del corso.

*insegnante – teacher*

—Buongiorno, sì, sono Claire. Piacere di conoscerti, risponde Claire, un po' nervosa ma felice di poter praticare il suo italiano.

—Benvenuta! Oggi impariamo a fare la pasta fresca. Hai mai fatto la pasta prima? Chiede Marco.

—No, mai. È la prima volta, risponde Claire.

—Perfetto! Ti **insegnerò** tutto quello che devi sapere. Vieni, ti presento gli altri.

*insegnerò – I will teach*

Marco accompagna Claire verso il gruppo. Ci sono otto persone in totale: una coppia di giapponesi, un uomo tedesco, tre donne italiane e un ragazzo spagnolo. Marco fa le presentazioni e poi invita tutti a mettersi un grembiule e a lavare le mani.

—Oggi prepareremo **tagliatelle** con ragù toscano e ravioli **ripieni** di ricotta e spinaci, annuncia Marco. Prima di tutto, parliamo degli **ingredienti**.

Marco mostra al gruppo i diversi ingredienti sul tavolo: **farina**, uova, sale, ricotta, spinaci, carne macinata, **pomodori**, cipolle, carote, **sedano**, aglio, olio d'oliva e varie erbe aromatiche.

—Per fare l'**impasto** della pasta, abbiamo bisogno di farina e uova, spiega Marco. La proporzione è semplice: 100 grammi di farina per ogni uovo. Oggi useremo 200 grammi di farina e due uova per ogni persona.

Claire ascolta con attenzione e **prende appunti** nel suo piccolo **quaderno**. Vuole ricordare tutto per poter rifare questi piatti quando tornerà in America.

Marco continua la spiegazione, mostrando come **mescolare** la farina e le uova fino a ottenere un impasto liscio ed elastico. Poi dimostra come **impastare** correttamente.

—L'impasto deve riposare per 30 minuti, dice Marco. Nel frattempo, prepariamo il ragù.

---

tagliatelle - type of pasta

ripieni - filled

farina - flour

pomodori - tomatoes

sedano - celery

impasto - dough

prende appunti - takes notes

quaderno - notebook

mescolare - to mix

impastare - to knead

Il gruppo si divide in coppie per lavorare insieme. Claire fa coppia con Anna, una delle donne italiane.

—Non ti preoccupare, io ti aiuto, dice Ana a Claire con un sorriso gentile. Ho fatto la pasta con mia nonna molte volte.

Claire è grata per l'aiuto. Ana le mostra come **tagliare** le verdure in piccoli pezzi.

—Questo si chiama "**soffritto**", spiega Ana mentre mette cipolla, carota e sedano tritati in una **padella** con olio d'oliva. È la base di molti piatti italiani.

L'aroma delle verdure che **cuociono** riempie la cucina e Claire si sente sempre più entusiasta. Mentre il soffritto cuoce, Marco mostra a tutti come **stendere** l'impasto con il mattarello per fare una **sfoglia sottile**.

—Non troppo sottile! Avverte. Deve essere circa un millimetro di spessore.

Stendere l'impasto è più difficile di quanto Claire pensasse. La sua sfoglia non è perfettamente rotonda come quella di Marco, ma lui la **rassicura** dicendo che con la pratica migliorerà.

**tagliare** – to cut

**soffritto** – sautéed mix of onion, carrot, and celery

**padella** – pan

**cuociono** – they cook

**stendere** – to roll out

**sfoglia** *sottile* – *thin* pastry

**rassicura** – reassures

Una volta che tutti hanno steso l'impasto, Marco mostra come **tagliare** la sfoglia per fare le tagliatelle e come preparare i ravioli ripieni.

—Per i ravioli, mettete un po' di **ripieno** di ricotta e spinaci al centro, poi chiudete bene i bordi, spiega.

Claire segue le istruzioni con attenzione, ma alcuni dei suoi ravioli non si chiudono perfettamente e il ripieno esce un po'.

—Non importa, dice Ana con un sorriso. Anche i miei primi ravioli erano così. L'importante è che siano buoni!

Quando tutti hanno finito di preparare la pasta, Marco mostra come cuocere le tagliatelle (solo 2-3 minuti nell'acqua bollente) e come completare il ragù **aggiungendo** la carne macinata, i pomodori e le erbe al soffritto.

Finalmente, dopo tre ore di lavoro, è il momento di **assaggiare** i piatti preparati. Il gruppo si siede a un grande tavolo allestito in una sala adiacente alla cucina. Marco serve il vino toscano e tutti fanno un brindisi.

—**Buon appetito**! Esclama Marco.

**tagliare** – to cut

**ripieno** – filling

**aggiungendo** – adding

**assaggiare** – to taste

**buon appetito** – enjoy your meal

Claire assaggia le sue tagliatelle al ragù e non può credere di averle fatte lei stessa. Sono deliziose!

Durante la cena, tutti chiacchierano e si scambiano storie. Claire racconta del suo viaggio in Italia e del suo amore per la cucina italiana. Ana le chiede se in America mangia spesso italiano.

—Sì, ma non è come qui, risponde Claire. In America, la pizza e la pasta sono diverse. Ora capisco perché gli italiani sono così **orgogliosi** della loro cucina!

Marco sorride sentendo queste parole.

—La cucina è parte della nostra cultura, dice. Ogni regione ha le sue specialità e tradizioni. Qui in Toscana, per esempio, usiamo molto il **pane** non salato, che è perfetto per la nostra **bruschetta** e la **ribollita**.

Alla fine della serata, Marco consegna a tutti i partecipanti un certificato del corso e un piccolo **ricettario** con le ricette del giorno.

—Spero che continuerete a cucinare italiano, dice. La cucina è un modo meraviglioso per imparare una lingua e una cultura.

**orgogliosi** – proud

**pane** – bread

**bruschetta** – toasted bread with toppings

**ribollita** – Tuscan vegetable and bread soup

**ricettario** – recipe book

Claire esce dalla scuola di cucina con il suo certificato, il ricettario e un nuovo amore per la cucina italiana. Non vede l'ora di provare a fare la pasta a casa sua. Mentre cammina verso il suo appartamento attraverso le strade illuminate di Siena, pensa a tutte le nuove parole italiane che ha imparato oggi e a come condividerà questa esperienza con la sua famiglia in America.

*Forse*, pensa, *imparare a cucinare italiano è anche un modo per portare un po' d'Italia con me quando tornerò a casa.*

## Vocabolario

piazze – squares
iscriversi – to enroll
indirizzo – address
bussa – knocks
chiacchierano *tra loro* - chatting *amongst themselves*
insegnante – teacher
insegnerò – I will teach
tagliatelle – type of pasta
ripieni - filled
farina – flour
pomodori – tomatoes
sedano - celery
impasto – dough
prende appunti - takes notes
quaderno – notebook
mescolare – to mix
impastare – to knead
tagliare – to cut
soffritto – sautéed mix of onion, carrot, and celery
padella - pan
cuociono – they cook
stendere – to roll out
sfoglia *sottile* - *thin* pastry
rassicura – reassures
ripieno – filling
aggiungendo - adding
assaggiare – to taste
buon appetito – enjoy your meal
orgogliosi – proud
pane – bread
bruschetta – toasted bread with toppings
ribollita – Tuscan vegetable and bread soup
ricettario - recipe book

## Riassunto del capitolo

Claire, una studentessa americana che studia italiano, partecipa a un corso di cucina a Siena per migliorare la lingua e imparare a preparare piatti tradizionali. Incontra Marco, lo chef insegnante, e altri partecipanti internazionali e italiani, tra cui Ana, un'italiana che diventa la sua partner durante il corso.

Durante la lezione, Claire impara a preparare la pasta fresca, le tagliatelle e i ravioli ripieni di ricotta e spinaci. Nonostante alcune difficoltà iniziali, segue le istruzioni di Marco e i consigli di Ana, scoprendo i segreti della preparazione del soffritto e dell'impasto perfetto per la pasta.

Alla fine del corso, i partecipanti si siedono insieme per gustare i piatti che hanno preparato, accompagnati da vino toscano. Claire si sente orgogliosa del risultato e capisce meglio perché gli italiani tengono tanto alla loro tradizione culinaria. Torna a casa con un certificato, un ricettario e un nuovo apprezzamento per la cucina italiana, considerandola un modo per portare un pezzo d'Italia con sé quando tornerà in America.

**Chapter Summary**
Claire, an American student studying Italian, participates in a cooking class in Siena to improve her language skills and learn to prepare traditional dishes. She meets Marco, the chef instructor, and other international and Italian participants, including Ana, an Italian woman who becomes her partner during the course.

During the lesson, Claire learns to prepare fresh pasta, tagliatelle, and ravioli filled with ricotta and spinach. Despite some initial difficulties, she follows Marco's instructions and Ana's advice, discovering the secrets of preparing soffritto and the perfect pasta dough.

At the end of the course, the participants sit together to enjoy the dishes they've prepared, accompanied by Tuscan wine. Claire feels proud of the result and better understands why Italians care so much about their culinary tradition. She returns home with a certificate, a recipe book, and a new appreciation for Italian cuisine, considering it a way to take a piece of Italy with her when she returns to America.

**Controllo di comprensione**
1. In quale città si svolge il corso di cucina?
    a) Roma
    b) Firenze
    c) Siena
    d) Milano

2. Cosa impara a preparare Claire durante il corso?
   a) Pizza e focaccia
   b) Tagliatelle e ravioli
   c) Risotto e polenta
   d) Lasagne e cannelloni

3. Chi aiuta Claire durante la preparazione dei piatti?
   a) Marco, lo chef
   b) Ana, una partecipante italiana
   c) La coppia di giapponesi
   d) Il ragazzo spagnolo

4. Quale ingrediente è la base del "soffritto"?
   a) Aglio e peperoncino
   b) Cipolla, carota e sedano
   c) Pomodoro e basilico
   d) Farina e uova

5. Cosa riceve Claire alla fine del corso?
   a) Un set di pentole italiane
   b) Un grembiule con il suo nome
   c) Un certificato e un ricettario
   d) Una bottiglia di vino toscano

Risposte: 1-c, 2-b, 3-b, 4-b, 5-c

# 12. Il regalo sbagliato

## The Wrong Gift

Tommaso cammina per le strade di Venezia, guardando le vetrine dei **negozi**. Viene dagli Stati Uniti e ora è in Italia per visitare sua zia Lucia, che vive qui da trent'anni. Domani è il compleanno di zia Lucia e Tommaso vuole comprarle un piccolo **regalo** da portare alla **cena di famiglia**.

Sua zia ama i dolci, **soprattutto** il cioccolato. Tommaso ricorda che l'ultima volta che è venuto a trovarla, lei gli ha parlato di una famosa **cioccolateria** vicino a Piazza San Marco che fa cioccolatini artigianali con gusti tipici veneziani.

*Come si chiamava quel posto?* Pensa Tommaso, cercando di ricordare il nome. *Qualcosa con "sapori"... "Antichi Sapori di Venezia", forse?*

**negozi** - shops

**regalo** - gift

**cena di famiglia** - family dinner

**soprattutto** - above all

**cioccolateria** - chocolate shop

Continua a camminare per le piccole **calli** veneziane, guardando la mappa sul suo telefono. Venezia è un labirinto di stradine e canali, ed è facile **perdersi**. Tommaso si ferma a chiedere **indicazioni** a un gondoliere.

—Mi scusi, sa dove si trova un negozio chiamato "Antichi Sapori di Venezia"? È una cioccolateria, credo.

Il gondoliere scuote la testa.

—No, mi dispiace. Non conosco questo negozio. Ma ci sono molti negozi di souvenir in quella direzione, dice indicando una strada alla sua destra.

—Grazie, risponde Tommaso e si incammina nella direzione indicata.

Dopo aver girato per qualche minuto, Tommaso vede un negozio con un'**insegna** colorata: "Sapori e Profumi di Venezia". Non è esattamente il nome che ricordava, ma sembra simile. Entra nel negozio, sperando di trovare i cioccolatini per sua zia.

**calli** – narrow streets

**perdersi** – to get lost

**indicazioni** – directions

**insegna** – sign

All'interno, il negozio è pieno di **souvenir** di ogni tipo: maschere veneziane, gondole in miniatura, **magliette**, calamite per frigorifero. Ma non vede cioccolatini.

Una signora con i capelli biondi si avvicina a lui con un sorriso.

—Buongiorno, posso aiutarla? Chiede gentilmente.

—Buongiorno, risponde Tommaso. Sto cercando dei cioccolatini per mia zia. Mi hanno parlato di un negozio chiamato "Antichi Sapori di Venezia", ma forse ho **sbagliato** nome...

La signora sorride con comprensione.

—Ah, credo che stia cercando "Antichi Saperi di Venezia". È una cioccolateria famosa, ma si trova dall'altra parte della città, **vicino** al ponte di Rialto.

Tommaso sospira. È già tardi e ha un **appuntamento** con alcuni amici tra un'ora. Non ha tempo di **attraversare** tutta Venezia.

—Capisco. Beh, forse posso trovare qualcos'altro qui per mia zia, dice, guardandosi intorno.

—Certo! Abbiamo molti souvenir tipici veneziani. Sua zia è di Venezia?

**souvenir** – souvenirs

**magliette** – t-shirts

**sbagliato** – got (it) wrong

**vicino a** – close to

**appuntamento** – appointment

**attraversare** – cross (over)

—No, è siciliana come me, ma vive qui da molti anni. Le piace molto il cioccolato.

—Hmm, non vendiamo cioccolatini, ma abbiamo questi saponi artigianali al cioccolato. Sono molto speciali, fatti con ingredienti naturali, dice la signora mostrando una **confezione** elegante di saponi.

Tommaso guarda i saponi. Sono **confezionati** in una bella scatola con un **nastro** dorato, simile a una scatola di cioccolatini. Sul coperchio c'è scritto "Saponi artigianali - Cioccolato e Vaniglia".

*Saponi… sapori… sono parole simili in italiano*, pensa Tommaso. *Forse ho confuso i due negozi. Ma questi saponi sembrano un bel regalo* **comunque**.

—Va bene, prendo questa confezione, dice Tommaso.

—Ottima scelta! Vuole un **biglietto** di auguri da allegare al regalo? Chiede la commessa.

—Sì, grazie.

Tommaso sceglie un biglietto con una bella **veduta** di Venezia e scrive: "Tanti auguri, zia Lucia! So quanto ami i dolci sapori di Venezia. Con affetto, Tommaso."

**confezione** - package

**confezionati** - packaged

**nastro** - ribbon

**comunque** - anyway

**biglietto** - card, note

**veduta** - view

Paga il regalo ed esce dal negozio, contento di aver trovato qualcosa di carino per sua zia nonostante la **confusione** con i nomi dei negozi.

Il giorno seguente, Tommaso arriva a casa di zia Lucia con il suo regalo avvolto in una bella carta colorata. La casa di sua zia è un appartamento accogliente con vista su un piccolo **canale**. Tutta la famiglia è già lì: gli **zii**, i cugini e alcuni amici di lunga data di zia Lucia.

—Tommaso, finalmente! Esclama zia Lucia abbracciandolo calorosamente. Vieni, stavamo per iniziare a mangiare l'**antipasto**.

Dopo i saluti e gli abbracci, la famiglia si siede a tavola per una tipica cena veneziana. Ci sono **piatti** di pesce, risotto al nero di seppia e, naturalmente, molto vino.

Durante la cena, Tommaso si gode le conversazioni e le **risate**. La sua famiglia è sempre stata molto unita, nonostante le **distanze** geografiche.

Dopo la cena, è il momento della torta e dei regali. Zia Lucia apre uno a uno i pacchetti, ringraziando tutti con abbracci e sorrisi.

---

**confusione** – confusion

**canale** – canal

**zii** – uncles/aunts

**antipasto** – appetizer

**piatti** – dishes

**risate** – laughter

**distanze** – distances

Finalmente, arriva il turno del regalo di Tommaso.

—Ecco, zia. Tanti auguri! Dice Tommaso, porgendole il suo pacchetto.

Zia Lucia apre il regalo con curiosità e tira fuori la scatola di saponi. Legge l'**etichetta** e poi guarda Tommaso con un'espressione **confusa**.

—Saponi al cioccolato? Dice, cercando di nascondere la **sorpresa**.

Solo in quel momento Tommaso si rende conto del suo errore. Ha comprato dei saponi, non dei cioccolatini! Ha confuso "saponi" con "sapori"!

—Oh no! Esclama Tommaso, sentendosi improvvisamente **imbarazzato**. Mi dispiace, zia! Pensavo fossero cioccolatini. Ho confuso 'saponi' con 'sapori'!

Per un momento, c'è silenzio. Poi zia Lucia scoppia a ridere, seguita dal resto della famiglia.

—Tommaso, questo è il regalo più **divertente** che abbia mai ricevuto! Dice zia Lucia tra le risate. Non ti preoccupare, è un errore comprensibile. Anche se devo dire che preferisco mangiare cioccolatini piuttosto che lavarmi con essi!

---

etichetta – label

confusa – confused

sorpresa – surprise

imbarazzato – embarrassed

divertente – funny

Tutti ridono di cuore e la **situazione** diventa un momento esilarante. Tommaso si unisce alle risate, sollevato dalla reazione di sua zia.

—Prometto che ti comprerò dei veri cioccolatini domani, dice Tommaso.

—Non preoccuparti, risponde zia Lucia, abbracciandolo. Questi saponi sono bellissimi e mi ricorderanno sempre questa serata **speciale**. E poi, il mio bagno profumerà di cioccolato!

La festa continua con più risate e storie. Alla fine della serata, l'errore di Tommaso è diventato l'**aneddoto** preferito della famiglia, una storia che sicuramente racconteranno per anni.

Mentre Tommaso torna al suo hotel, pensa che **a volte** gli errori linguistici possono creare i ricordi più belli. E la prossima volta che comprerà un regalo, farà molta attenzione alla differenza tra "saponi" e "sapori"!

situazione - situation

speciale - special

aneddoto - anecdote

a volte - sometimes

## Vocabolario

negozi – shops
regalo – gift
  cena di famiglia - family dinner
soprattutto - above all
cioccolateria – chocolate shop
calli – narrow streets
perdersi – to get lost
indicazioni – directions
insegna – sign
souvenir – souvenirs
magliette - t-shirts
sbagliato - got (it) wrong
appuntamento – appointment
attraversare - cross (over)
vicino a - close to
confezione – package
confezionati - packaged

nastro – ribbon
comunque - anyway
biglietto – card, note
veduta – view
confusione – confusion
canale – canal
zii – uncles/aunts
antipasto – appetizer
piatti – dishes
risate - laughter

distanze – distances
etichetta – label
confusa – confused
sorpresa – surprise
imbarazzato – embarrassed
divertente – funny
situazione – situation
speciale – special
aneddoto – anecdote
a volte - sometimes

## Riassunto del capitolo

Tommaso, un giovane americano in visita a Venezia, cerca un regalo per il compleanno di sua zia Lucia che vive in città da trent'anni. Ricordando che la zia ama il cioccolato, cerca una cioccolateria di cui lei gli aveva parlato, ma confonde il nome e finisce in un negozio di souvenir chiamato "Sapori e Profumi di Venezia".

Non avendo tempo di cercare la vera cioccolateria, Tommaso decide di comprare una confezione di saponi artigianali al cioccolato, confondendo le parole "saponi" (soaps) con "sapori" (flavors).

Scrive un biglietto di auguri menzionando i "dolci sapori" di Venezia, inconsapevole del suo errore. Durante la festa di compleanno, quando zia Lucia apre il regalo e trova i saponi invece dei cioccolatini, c'è un momento di confusione seguito da grandi risate. La situazione imbarazzante si trasforma in un momento esilarante che unisce tutta la famiglia, diventando un aneddoto che ricorderanno per anni.

**Chapter Summary**
Tommaso, a young American visiting Venice, is looking for a birthday gift for his aunt Lucia who has been living in the city for thirty years. Remembering that his aunt loves chocolate, he searches for a chocolate shop she had mentioned to him, but confuses the name and ends up in a souvenir shop called "Sapori e Profumi di Venezia" (Flavors and Scents of Venice).

Having no time to look for the real chocolate shop, Tommaso decides to buy a box of artisanal chocolate-scented soaps, confusing the words "saponi" (soaps) with "sapori" (flavors). He writes a birthday card mentioning the "sweet flavors" of Venice, unaware of his mistake.

During the birthday party, when Aunt Lucia opens the gift and finds soaps instead of chocolates, there is a moment of confusion followed by great laughter. The embarrassing situation turns into a hilarious moment that brings the whole family together, becoming an anecdote they will remember for years.

**Controllo di comprensione**
1. Cosa voleva comprare originariamente Tommaso per sua zia?
    a) Una maschera veneziana
    b) Cioccolatini artigianali
    c) Saponi profumati
    d) Un libro su Venezia

2. Perché Tommaso ha comprato i saponi invece dei cioccolatini?
   a) Erano più economici
   b) Ha confuso le parole "saponi" e "sapori"
   c) La cioccolateria era chiusa
   d) Sua zia è allergica al cioccolato

3. Come si chiamava il negozio dove Tommaso ha comprato il regalo?
   a) Antichi Saperi di Venezia
   b) Saponi e Cioccolato
   c) Sapori e Profumi di Venezia
   d) Antichi Sapori di Venezia

4. Quale è stata la reazione di zia Lucia quando ha aperto il regalo?
   a) Si è arrabbiata
   b) È rimasta delusa ma non l'ha mostrato
   c) Ha riso e ha apprezzato comunque il regalo
   d) Ha chiesto di poterlo cambiare

5. Cosa è diventato l'errore di Tommaso alla fine della storia?
   a) Un motivo di imbarazzo che ha rovinato la festa
   b) Un aneddoto divertente per tutta la famiglia
   c) Una lezione di italiano per tutti i presenti
   d) Un motivo per tornare al negozio il giorno dopo

Risposte: 1-b, 2-b, 3-c, 4-c, 5-b

# 13. Passeggiata con il cane

**The Dog Walk**

Ogni mattina, alle sette e trenta, Nora esce dal suo appartamento a Trieste con il suo cane, un piccolo jack russell terrier di nome Max. La loro **passeggiata** quotidiana è un momento speciale della giornata. Max è sempre molto **emozionato** quando vede Nora prendere il **guinzaglio** dalla mensola vicino alla porta.

—Calmo, Max, calmo! Dice Nora con un sorriso, cercando di mettere il guinzaglio al collare del cane. Andiamo a fare la nostra passeggiata.

**passeggiata** - walk

**emozionato** - excited

**guinzaglio** - leash

Nora ha trentacinque anni e vive a Trieste da due anni. È venuta dalla Germania per lavoro e ha scelto di vivere in questo **quartiere** tranquillo vicino al mare. Le piace la sua vita qui, anche se all'inizio era difficile perché non parlava bene l'italiano.

Nora e Max escono dal palazzo e cominciano la loro **routine** giornaliera. Prima vanno verso il piccolo parco a due **isolati** di distanza. Max **annusa** ogni angolo, ogni albero, ogni **cespuglio**.

Nel parco, Max può correre senza guinzaglio per qualche minuto in un'area dedicata ai cani. Si **diverte** a rincorrere le foglie mosse dal vento. Nora si siede su una **panchina** e guarda il suo cane giocare, godendosi il sole del mattino.

Dopo quindici minuti al parco, Nora e Max continuano la loro passeggiata verso il lungomare. È il loro **percorso** preferito. L'aria è fresca e pulita, con il profumo del mare. Ci sono poche persone a quest'ora: qualche jogger, alcune persone anziane, e qualche **pescatore** sulla piccola **spiaggia**.

**quartiere** - neighborhood

**isolati** - blocks

**annusa** - sniffs

**cespuglio** - bush

**diverte** - enjoys, has fun

**panchina** - bench

**percorso** - route, path

**pescatore** - fisherman

**spiaggia** - beach

C'è un uomo anziano che Nora e Max vedono quasi ogni mattina. È seduto sempre sulla stessa panchina, con un sacchetto pieno di **briciole** di pane. L'uomo nutre i piccioni che si riuniscono intorno a lui. Ha i capelli bianchi, occhiali spessi e indossa sempre un **cappello** blu scuro.

**briciole** - crumbs

**capello** - hat

Ogni mattina, Nora e questo signore si scambiano un semplice **saluto**.

**saluto** - greeting

—Buongiorno, dice Nora passando vicino alla panchina.

—Buongiorno, signorina. Buongiorno, piccolo amico, risponde l'uomo, riferendosi a Max.

Questa breve interazione è stata la loro routine per mesi. Nora non sa nulla di quest'uomo, **nemmeno** il suo nome, ma c'è una familiarità confortante in questo scambio quotidiano.

**nemmeno** - not even

Un lunedì mattina, Nora e Max fanno la loro **solita passeggiata**. Quando arrivano alla panchina dell'uomo anziano, notano che oggi sembra **diverso**. È più pallido del solito e ha un'espressione triste.

—Buongiorno, dice Nora come sempre.

—Buongiorno, signorina, risponde l'uomo, ma la sua voce è più bassa.

Nora sente che **qualcosa non va**. Di solito continuerebbe la sua passeggiata, ma oggi decide di fermarsi.

—Va tutto bene, signore? Chiede gentilmente.

L'uomo alza lo sguardo, sorpreso che lei si sia fermata a parlare.

—Ah, signorina... non molto bene, per essere onesti. Il mio vecchio amico, il mio gatto Milo, è morto ieri. Era con me da quindici anni.

Nora sente una **fitta** di tristezza per quest'uomo.

—Mi dispiace molto, dice, sedendosi sulla panchina accanto a lui. È difficile perdere un **animale** che è stato parte della famiglia per tanto tempo.

*solita* **passeggiata** - *usual* walk

**diverso** - different

*qualcosa* **non va** - *something's* not right

**fitta** - pang

**animale** - animal

—Sì, proprio così. Era la mia famiglia. Vivo **da solo**, sa? Milo era la mia compagnia.

Max, come se capisse la situazione, si avvicina all'uomo e appoggia la testa sulla sua gamba. L'uomo sorride debolmente e **accarezza** la testa di Max.

—Come si chiama? Chiede, riferendosi al cane.

—Si chiama Max, risponde Nora. E io sono Nora.

—Piacere di conoscerla finalmente, Nora. Io sono Giorgio.

Così, dopo mesi di semplici "buongiorno", Nora e Giorgio cominciano una vera conversazione. Giorgio le racconta che è **pensionato**, che ha lavorato come insegnante di **storia** per quarant'anni, e che vive nel quartiere da tutta la vita. Nora gli parla del suo lavoro come **traduttrice** e della sua decisione di trasferirsi a Trieste.

—Il suo italiano è molto buono, commenta Giorgio.

—Grazie, ma sto ancora imparando. A volte è difficile.

---

**da solo** - alone

**accarezza** - pets, strokes

**pensionato** - retired

**storia** - history

**traduttrice** - translator

—La pratica è importante. Venire qui ogni mattina e parlare con un vecchio come me può aiutare, dice Giorgio con un **sorriso** gentile.

—Mi piacerebbe molto, risponde Nora sinceramente.

Da quel giorno, la routine mattutina di Nora e Max cambia leggermente. Ora si fermano sempre per alcuni minuti a parlare con Giorgio. A volte parlano del **tempo**, altre volte Giorgio racconta storie della vecchia Trieste. Nora impara molti nuovi **vocaboli** e migliora il suo italiano.

Max sembra anche lui felice di questa nuova amicizia. Ogni mattina, quando si avvicinano alla panchina, **tira** il guinzaglio con entusiasmo. Giorgio porta sempre qualche **biscotto** per cani nella tasca.

—Non dovrebbe **viziarlo** così, dice Nora un giorno.

—Ah, a un vecchio come me piace viziare i suoi amici, risponde Giorgio con una risata. E poi, guarda che **occhi** dolci che ha!

Con il passare delle settimane, Nora scopre sempre più cose su Giorgio. Sa che sua moglie è morta dieci anni fa, che ha una **figlia** che vive a Milano, e che ama la musica classica.

**sorriso** - smile

**tempo** - weather

**vocaboli** - vocabulary

**tira** - pulls

**biscotto** - cookie, biscuit

**viziarlo** - to spoil him

**occhi** - eyes

**figlia** - daughter

Un giorno, Nora nota che Giorgio sembra particolarmente **allegro**.

—È successo qualcosa di bello? Chiede.

—Sì, molto bello! Risponde Giorgio con entusiasmo. Ieri sono andato al **canile** municipale e ho adottato un gatto. È anziano come me, nessuno lo voleva. Si chiama Leo.

—Oh, che meraviglia! Esclama Nora. Come sta andando?

—Molto bene. È timido, si **nasconde** ancora sotto il letto a volte, ma ieri sera è venuto a dormire sui miei piedi. Credo che diventeremo buoni amici.

—Sono molto felice per lei, Giorgio, dice Nora sinceramente.

—E io sono **grato** a voi, aggiunge Giorgio, accarezzando Max. Se non fosse stato per questo piccolo amico e per le nostre conversazioni, forse non avrei trovato il coraggio di adottare un altro animale dopo Milo.

Nei giorni seguenti, Giorgio porta le **fotografie** di Leo da mostrare a Nora. Il gatto è tigrato, arancione e bianco, con occhi verdi.

—È bellissimo, commenta Nora.

**allegro** - cheerful

**canile** - dog shelter

**nasconde** - hides

**grato** - grateful

**fotografie** - photographs

Un sabato mattina, invece della solita passeggiata, Nora ha un'idea diversa.

—Giorgio, le piacerebbe venire a fare colazione al **bar** con me e Max? C'è un posto qui vicino con un bel **dehors** dove accettano i cani.

**bar** - café

**dehors** - outdoor area

Giorgio è sorpreso ma felice dell'invito.

—Mi piacerebbe molto, risponde con un sorriso.

Così, invece di sedersi sulla solita panchina, vanno insieme al Caffè Adriatico, un piccolo bar con tavolini all'aperto vista mare. Ordinano **cappuccini** e **cornetti** e chiacchierano per più di un'ora.

**cornetti** - croissants

Questa diventa un'altra **abitudine**: ogni sabato mattina, Nora, Max e Giorgio fanno colazione insieme. A volte parlano di libri, altre volte di ricordi. Giorgio è sempre interessato a sentire come è la vita in Germania e Nora ama ascoltare le sue storie su Trieste.

**abitudine** - habit

Un giorno, mentre sta per uscire per la passeggiata mattutina, Nora si rende conto di quanto sia cambiata la sua vita a Trieste da quando ha iniziato a parlare con Giorgio. Prima conosceva poche persone. Ora, grazie a questa amicizia nata **per caso**, si sente più parte della comunità.

**per caso** - by chance/by coincidence

Mentre cammina verso il lungomare con Max, Nora pensa a come a volte le amicizie più significative nascano nei modi più **inaspettati**. Una semplice passeggiata con il cane, un saluto quotidiano, e poi una vera conversazione in un momento di tristezza.

**inaspettati** - unexpected

Quando arrivano alla panchina, Giorgio è già lì, che nutre i piccioni. Max abbaia felice correndo verso di lui, e Giorgio alza la mano in segno di saluto.

—Buongiorno, Nora! Buongiorno, Max! Ho una **novità** da raccontarvi oggi...

**novità** - piece of news

E così inizia un'altra giornata, un'altra conversazione, un altro capitolo della loro amicizia.

## Vocabolario

passeggiata - walk
emozionato - excited
guinzaglio - leash
quartiere - neighborhood
isolati - blocks
annusa - sniffs
cespuglio - bush
diverte - enjoys, has fun
panchina - bench
percorso - route, path
pescatore - fisherman
spiaggia - beach
briciole - crumbs
capello - hat
saluto - greeting
nemmeno - not even
*solita* passeggiata - *usual* walk
diverso - different
*qualcosa* non va - *something*'s not right
fitta - pang
animale - animal
da solo - alone

accarezza - pets, strokes
pensionato - retired
storia - history
traduttrice - translator
sorriso - smile
tempo - weather
vocaboli - vocabulary
tira - pulls
biscotto - cookie, biscuit
viziarlo - to spoil him
occhi - eyes
figlia - daughter
allegro - cheerful
canile - dog shelter
nasconde - hides
grato - grateful
fotografie - photographs
bar - café
dehors - outdoor area
cornetti - croissants
abitudine - habit
per caso - by chance/by coincidence
inaspettati - unexpected
novità - piece of news

**Riassunto del capitolo**

Nora, una traduttrice tedesca che vive a Trieste, fa ogni mattina una passeggiata con il suo cane Max seguendo sempre lo stesso percorso. Durante queste passeggiate, incontra regolarmente un anziano signore seduto su una panchina che nutre i piccioni, con cui scambia solo un breve saluto quotidiano.

Un lunedì, notando che l'uomo sembra triste, Nora si ferma a parlare con lui per la prima volta e scopre che si chiama Giorgio, è un ex insegnante di storia in pensione e che il suo gatto è appena morto. Max sembra capire la situazione e si avvicina a Giorgio per confortarlo, dando inizio a una vera conversazione tra i due.

Da quel giorno, le passeggiate mattutine di Nora includono sempre una sosta per parlare con Giorgio, che diventa un amico prezioso. Questa nuova amicizia aiuta Nora a migliorare il suo italiano e a sentirsi più parte della comunità locale, mentre porta anche Giorgio ad adottare un nuovo gatto dal canile. I due iniziano anche a fare colazione insieme ogni sabato, dimostrando come le amicizie più significative possano nascere nei modi più inaspettati.

## Chapter Summary

Nora, a German translator living in Trieste, takes a walk every morning with her dog Max, always following the same route. During these walks, she regularly meets an elderly man sitting on a bench feeding pigeons, with whom she exchanges only a brief daily greeting.

One Monday, noticing that the man seems sad, Nora stops to talk to him for the first time and discovers that his name is Giorgio, he is a retired history teacher, and his cat has just died. Max seems to understand the situation and approaches Giorgio to comfort him, initiating a real conversation between the two.

From that day on, Nora's morning walks always include a stop to talk with Giorgio, who becomes a precious friend. This new friendship helps Nora improve her Italian and feel more part of the local community, while also leading Giorgio to adopt a new cat from the shelter. The two also begin having breakfast together every Saturday, showing how the most meaningful friendships can sometimes come in the most unexpected ways.

## Controllo di comprensione

1. In quale città vive Nora?
    a) Milano
    b) Roma
    c) Trieste
    d) Firenze

2. Che lavoro fa Nora?
    a) Insegnante
    b) Traduttrice
    c) Veterinaria
    d) Cameriera

3. Perché Nora si ferma a parlare con Giorgio per la prima volta?
   a) Perché Max è malato
   b) Perché Giorgio sembra triste
   c) Perché vuole migliorare il suo italiano
   d) Perché è in ritardo per il lavoro

4. Cosa fa Giorgio dopo aver perso il suo gatto Milo?
   a) Si trasferisce in un'altra città
   b) Smette di andare al parco
   c) Adotta un nuovo gatto dal canile
   d) Compra un cane come Max

5. Quale nuova abitudine iniziano Nora e Giorgio?
   a) Fare colazione insieme al bar ogni sabato
   b) Visitare insieme il canile
   c) Andare a concerti di musica classica
   d) Fare lunghe passeggiate in montagna

Risposte: 1-c, 2-b, 3-b, 4-c, 5-a

# 14. Il barbiere del quartiere

**The Neighborhood Barber**

Matteo si guarda allo specchio nel suo piccolo appartamento nel centro di Napoli. I suoi capelli sono troppo lunghi e disordinati. Stasera ha un **appuntamento** importante con Giulia, una ragazza che ha conosciuto all'università due settimane fa. Vuole fare una buona impressione, quindi decide di andare a **tagliarsi** i capelli.

Anche se vive in questo quartiere da sei mesi, Matteo non è mai stato dal barbiere locale. Di solito va in un salone moderno vicino all'università, ma oggi non ha **abbastanza** tempo. Il suo **coinquilino,** Carlo, gli ha consigliato il **barbiere** del quartiere, dicendo che Salvatore, il proprietario, è un'istituzione nel quartiere.

**appuntamento** - appointment, date

**tagliarsi** - to have cut (eg. hair)

**abbastanza** - enough

**coinquilino** - housemate

**barbiere** - barber

Matteo esce di casa e cammina per le strade **affollate** del centro storico. È un sabato mattina e c'è molta gente. Dopo pochi minuti, vede l'insegna "Barbiere Salvatore" su una piccola **bottega** con una vetrina decorata con vecchie fotografie e l'**immancabile palo** a strisce bianche, rosse e blu.

Entra nel negozio e viene accolto dal suono di una **canzone** napoletana alla radio e dal **profumo** di lozione da barba. La barberia è piccola ma ordinata, con due poltrone da barbiere in pelle rossa, grandi specchi alle pareti e fotografie di calciatori del Napoli **ovunque**. C'è solo un cliente che sta finendo di farsi la barba e un uomo anziano con un **rasoio** in mano.

L'uomo, che deve essere Salvatore, vede Matteo e gli sorride.

—Buongiorno, giovanotto! Un momento solo e sono da te, dice con un forte accento napoletano.

Mentre aspetta, Matteo guarda intorno. Ci sono **riviste** sportive sul tavolino, tutte incentrate sul calcio. Una vecchia TV nell'angolo trasmette un programma sportivo.

Dopo pochi minuti, il cliente si alza, paga e saluta Salvatore con una **stretta** di mano calorosa.

---

**affollate** - crowded

**bottega** - shop

**immancabile** - unmissable

**palo** - pole

**canzone** - song

**profumo** - scent, perfume

**ovunque** - everywhere

**rasoio** - razor

**riviste** - magazines

**stretta** - handshake

—Prego, accomodati! Dice Salvatore a Matteo.

Matteo si siede sulla poltrona e Salvatore gli mette un **mantello** bianco intorno al collo.

—Allora, che **taglio** vuoi? Chiede Salvatore, guardando i capelli di Matteo nello specchio.

—Vorrei un taglio corto ai lati e un po' più lungo sopra, risponde Matteo. Ho un appuntamento stasera e vorrei fare bella figura.

Gli occhi di Salvatore si illuminano.

—Ah, un appuntamento con una bella ragazza! **Lascia fare** a me, ti faccio un taglio che la farà **innamorare** subito!

Salvatore comincia a tagliare i capelli con movimenti **esperti** e precisi. Mentre lavora, inizia a fare domande.

—Sei nuovo nel quartiere? Non ti ho mai visto prima.

—Sì, mi sono trasferito sei mesi fa per l'università. Studio **ingegneria**.

—Ingegneria! Esclama Salvatore. Mio figlio maggiore è ingegnere. Lavora a Milano ora. E da dove vieni?

---

**mantello** - cape

**taglio** - cut, haircut

**Lascia fare** - Leave it to me

**innamorare** - to make fall in love

**esperti** - expert

**ingegneria** - engineering

—Da Bari.

—Ah, pugliese! Ho un cugino a Bari. Bella città. Ma Napoli è più bella, non credi? Chiede con un **sorriso** orgoglioso.

sorriso - smile

—Napoli è fantastica, ammette Matteo. Molto vivace.

—E questa ragazza dell'appuntamento, è napoletana?

—No, è di Roma, ma studia qui.

Salvatore fa un rumore con la lingua, come se fosse leggermente **deluso**.

deluso - disappointed

—Romana... va bene, va bene. L'importante è che sia una brava ragazza.

Mentre Salvatore continua a tagliare i capelli, la porta si apre ed entrano due uomini di mezza età. Salutano Salvatore come vecchi amici.

—Ciao Peppì, ciao Luigi! Dice Salvatore. Vi serve il solito?

—Sì, ma senza **fretta**, risponde uno dei due. Abbiamo tempo.

fretta - hurry

I due uomini cominciano a discutere animatamente della partita di calcio della sera precedente. Il Napoli ha perso contro la Juventus e non sono contenti.

—Non è possibile perdere così! Esclama Peppino. L'**arbitro** era chiaramente contro di noi!

**arbitro** - referee

—Sempre la stessa storia con la Juventus, aggiunge Luigi.

Salvatore si unisce alla conversazione mentre continua a tagliare.

—Avete ragione! Quel **rigore** era scandaloso! Ma il vero problema è la difesa. Troppi **errori**!

**rigore** - penalty kick

**errori** - mistakes

La discussione continua con i tre uomini che analizzano ogni momento della partita. Per Matteo, che non è un grande **tifoso** di calcio, è difficile seguire, ma trova la situazione divertente.

**tifoso** - fan

—Tu che ne pensi? Chiede improvvisamente Salvatore a Matteo.

—Io... veramente non ho visto la partita, ammette Matteo. E non seguo molto il calcio.

C'è un attimo di silenzio incredulo, poi Salvatore scoppia a ridere.

—Non segui il calcio? A Napoli? Dobbiamo rimediare a questa situazione!

Peppino e Luigi annuiscono gravemente, come se Matteo avesse una malattia seria.

—Devi venire a vedere la prossima partita al bar di Luigi, dice Salvatore. È un'**esperienza** che ogni giovane dovrebbe fare a Napoli.

**esperienza** - experience

Salvatore finisce il taglio di capelli e mostra a Matteo il risultato usando uno specchio più piccolo.

—Ecco fatto! Che ne pensi?

Matteo è sinceramente **colpito**. È uno dei migliori **tagli** che abbia mai avuto. I suoi capelli sembrano più folti e il taglio mette in risalto i suoi lineamenti.

**colpito** - impressed

**tagli** - cuts

—È perfetto, grazie! Dice con entusiasmo.

Salvatore sorride con **orgoglio** e applica un po' di gel. Poi prende un **pennello** e lo usa per rimuovere i capelli tagliati dal collo di Matteo.

**orgoglio** - pride

**pennello** - brush

—Aspetta, non abbiamo finito, dice. Ti faccio anche una bella **barba**.

**barba** - beard

Prima che Matteo possa protestare, Salvatore reclina la poltrona e mette un asciugamano caldo sul viso di Matteo.

—Rilassati, giovanotto. Una barba ben fatta è fondamentale per un appuntamento importante.

Salvatore applica la schiuma da barba e poi comincia a rasare Matteo con un rasoio tradizionale. I suoi movimenti sono sicuri e delicati.

—Un buon barbiere deve avere la mano leggera e l'occhio **attento**, dice Salvatore. Mio padre mi ha insegnato questo mestiere quando avevo dodici anni. Questo negozio esiste da sessant'anni, sai?

**attento** - attentive

Mentre Salvatore continua a parlare della storia della sua barberia, Matteo si sente sempre più rilassato. C'è qualcosa di quasi meditativo in questa esperienza.

Quando Salvatore finisce, pulisce il viso di Matteo con un altro asciugamano caldo e poi applica una lozione dopobarba che ha un profumo fresco di **agrumi**.

**agrumi** - citrus fruits

—Ecco fatto, giovanotto. Ora sei pronto per conquistare la tua romana! Dice Salvatore, **togliendo** il mantello.

**togliendo** - taking off

Matteo si guarda allo specchio e rimane **stupito**. Non solo il taglio di capelli è perfetto, ma anche la barba è impeccabile. Si sente più sicuro e attraente.

—Quanto ti devo? Chiede, tirando fuori il **portafoglio**.

—Quindici euro per tutto, risponde Salvatore.

Matteo è sorpreso dal prezzo così **conveniente**. Nel salone moderno dove va di solito, paga almeno il doppio solo per il taglio.

Mentre Matteo paga, Peppino lo guarda e annuisce con approvazione.

—Salvatore è un artista, dice. Io vengo qui da trent'anni e non mi ha mai deluso.

—Anche mio padre veniva qui, aggiunge Luigi. È una tradizione di famiglia.

Salvatore sembra **compiaciuto** dai complimenti ma fa un gesto modesto con la mano.

—Faccio solo il mio lavoro, dice. Ma se vuoi un consiglio, giovanotto... porta la tua ragazza a mangiare la pizza da Michele. È la migliore di Napoli e non troppo cara. Perfetta per un primo appuntamento.

**stupito** - amazed

**portafoglio** - wallet

**conveniente** - affordable

**compiaciuto** - pleased

—Grazie del consiglio, dice Matteo. Lo terrò a mente.

Prima che Matteo esca, Salvatore gli dà un biglietto da **visita** del negozio.

**visita** - visit

—Torna tra tre settimane per un ritocco. E la prossima volta mi racconti com'è andato l'appuntamento!

Matteo sorride e promette di tornare. Mentre cammina verso casa, si rende conto che non è stato solo un taglio di capelli. È stata un'immersione nella cultura napoletana, un'esperienza che lo ha fatto sentire più parte del quartiere.

Quella sera, l'appuntamento con Giulia va benissimo. Lei nota subito il suo nuovo look.

—Ti sei tagliato i capelli? Ti stanno molto bene! Dice con un sorriso che fa accelerare il **cuore** di Matteo.

**cuore** - heart

Seguendo il consiglio di Salvatore, la porta alla pizzeria da Michele, dove mangiano una pizza margherita perfetta e chiacchierano per ore.

La settimana successiva, Matteo passa davanti alla barberia e vede Salvatore che chiacchiera con un cliente. Entra per salutarlo.

—Ah, il nostro ingegnere! Esclama Salvatore quando lo vede. Com'è andato l'appuntamento?

Matteo sorride. —Benissimo. Avevi ragione sulla pizzeria.

—Te l'avevo detto! Dice Salvatore con un'espressione **soddisfatta**. E quando la vedi di nuovo?

**soddisfatta** - satisfied

—Stasera, risponde Matteo.

—Bravo ragazzo! Hai ascoltato i consigli di un vecchio barbiere napoletano, dice Salvatore, dandogli una pacca sulla spalla.

Matteo esce dalla barberia con la sensazione di aver trovato non solo un barbiere, ma un nuovo amico nel quartiere. E anche se non gli interessa molto il calcio, magari un giorno andrà al bar di Luigi a vedere una partita del Napoli, solo per l'**atmosfera** e per sentirsi ancora più parte di questa città vivace e accogliente.

**atmosfera** - atmosphere

## Vocabolario

appuntamento - appointment, date
tagliarsi - to have cut (eg. hair)
abbastanza - enough
barbiere - barber
coinquilino - housemate
affollate - crowded
bottega - shop
immancabile - unmissable
palo - pole
canzone - song
profumo - scent, perfume
ovunque - everywhere
rasoio - razor
riviste - magazines
stretta - handshake
mantello - cape
taglio - cut, haircut
Lascia fare - Leave it to me
innamorare - to make fall in love
esperti - expert
ingegneria - engineering

sorriso - smile
deluso - disappointed
fretta - hurry
arbitro - referee
rigore - penalty kick
errori - mistakes
tifoso - fan
esperienza - experience
colpito - impressed

orgoglio - pride
pennello - brush
barba - beard
attento - attentive
togliendo - taking off
stupito - amazed
portafoglio - wallet
conveniente - affordable
compiaciuto - pleased
visita - visit
cuore - heart
soddisfatta - satisfied
atmosfera - atmosphere

## Riassunto del capitolo

Matteo, uno studente di ingegneria originario di Bari che vive a Napoli da sei mesi, decide di andare dal barbiere del quartiere, Salvatore, per prepararsi a un appuntamento importante con Giulia, una studentessa romana. Nonostante sia abituato a saloni più moderni, segue il consiglio del suo coinquilino Carlo e visita questa piccola barberia tradizionale.

Nell'accogliente negozio, Matteo incontra non solo Salvatore, un barbiere esperto con sessant'anni di attività alle spalle, ma anche alcuni clienti abituali, Peppino e Luigi, tutti appassionati tifosi del Napoli. Mentre Salvatore gli taglia i capelli e gli fa la barba con maestria, la conversazione passa dall'appuntamento di Matteo a un'accesa discussione sulla recente partita persa dal Napoli contro la Juventus.

Alla fine, Matteo è estremamente soddisfatto del risultato e del prezzo conveniente, e riceve anche consigli per il suo appuntamento, che si rivelerà un successo. La visita alla barberia diventa per lui più di un semplice taglio di capelli: è un'immersione nella cultura napoletana e un modo per sentirsi più integrato nel quartiere, tanto che Matteo tornerà a salutare Salvatore la settimana successiva.

## Chapter Summary

Matteo, an engineering student from Bari who has been living in Naples for six months, decides to go to the neighborhood barber, Salvatore, to prepare for an important date with Giulia, a student from Rome. Despite being used to more modern salons, he follows the advice of his roommate Carlo and visits this small traditional barbershop.

In the welcoming shop, Matteo meets not only Salvatore, an expert barber with sixty years of activity behind him, but also some regular customers, Peppino and Luigi, all passionate Napoli football fans. While Salvatore cuts his hair and shaves his beard with mastery, the conversation shifts from Matteo's date to a heated discussion about the recent match that Napoli lost against Juventus.

In the end, Matteo is extremely satisfied with the result and the affordable price, and also receives advice for his date, which will prove successful. The visit to the barbershop becomes for him more than just a haircut: it's an immersion in Neapolitan culture and a way to feel more integrated in the neighborhood, so much so that Matteo plans to go back to Salvatore the following week.

## Controllo di comprensione

1. Perché Matteo decide di andare dal barbiere?
    a) Perché ha un colloquio di lavoro
    b) Perché ha un appuntamento con una ragazza
    c) Perché i suoi capelli sono diventati grigi
    d) Perché vuole cambiare completamente look

2. Chi consiglia a Matteo di andare da Salvatore?
    a) Un professore dell'università
    b) Un amico di Bari
    c) Il suo coinquilino Carlo
    d) Giulia, la sua amica romana

3. Di cosa discutono principalmente i clienti nella barberia?
    a) Della politica italiana
    b) Del tempo a Napoli
    c) Di una partita di calcio
    d) Dei prezzi dei tagli di capelli

4. Cosa offre Salvatore a Matteo oltre al taglio di capelli?
   a) Un caffè espresso
   b) Una barba
   c) Un massaggio alla testa
   d) Un biglietto per la partita del Napoli

5. Quale consiglio dà Salvatore a Matteo per il suo appuntamento?
   a) Di portare Giulia a teatro
   b) Di regalarle dei fiori
   c) Di portarla a mangiare una pizza da Michele
   d) Di invitarla a vedere una partita del Napoli

Risposte: 1-b, 2-c, 3-c, 4-b, 5-c

# 15. Il gelato in inverno

**Ice Cream in Winter**

È una fredda giornata di gennaio a Firenze. Il cielo è grigio e il termometro segna tre gradi. Le strade del centro storico sono meno **affollate** del solito; i turisti sono pochi in questa **stagione** e la maggior parte dei fiorentini preferisce restare al caldo.

**affollate** - crowded

**stagione** - season

Beatrice, o Bea come la chiamano gli amici, cammina lungo via dei Neri, ben coperta con un cappotto pesante, una sciarpa di lana e guanti. Ha ventisette anni, è di Firenze e lavora come guida turistica. Oggi è il suo giorno libero e, nonostante il **freddo**, ha deciso di fare una passeggiata in centro.

**freddo** - cold

Mentre cammina, sente il suo telefono **vibrare** nella tasca. È un messaggio di Marco, un suo amico: "Ciao Bea! Vuoi un caffè caldo? Sono in Piazza della Signoria."

Bea sorride e risponde: "Grazie, ma ho in mente qualcos'altro. Ti va un gelato?"

La risposta di Marco arriva **quasi** immediatamente: "Gelato? Con questo freddo? Sei **pazza**!"

Bea ride. Non è la prima volta che i suoi amici la **prendono in giro** per questa sua abitudine di mangiare il gelato anche in inverno. Per lei, il gelato non è solo un cibo estivo, è una **passione** che dura tutto l'anno.

"Il gelato è buono in ogni stagione!" Risponde al messaggio di Marco.

Continua a camminare fino a quando arriva davanti a una piccola **gelateria** artigianale. Sulla **vetrina** c'è scritto "Gelateria Artigianale 'Il Paradiso del Gelato'". È un posto che Bea conosce bene; viene qui spesso anche se non è vicino a casa sua. Secondo lei, fanno il miglior gelato di Firenze.

---

**vibrare** - to vibrate

**quasi** - almost

**pazza** - crazy

**prendere in giro** - to tease

**passione** - passion

**gelateria** - ice cream shop

**vetrina** - shop window

Entrando nella gelateria, Bea sente subito il piacevole **contrasto** tra il freddo esterno e il calore accogliente del locale. L'interno è piccolo ma **confortevole**, con alcune foto di Firenze alle pareti. Dietro il bancone c'è Roberto, il proprietario, un uomo sulla cinquantina con i capelli grigi e un **sorriso** perenne.

—Buongiorno, Roberto! Saluta Bea.

—Buongiorno, Bea! Risponde lui, riconoscendola subito. Non mi aspettavo clienti oggi, con questo freddo! Sei l'unica **coraggiosa** finora.

—Lo sai che per me non esiste "stagione del gelato", dice Bea con un sorriso.

Roberto scuote la testa, divertito.

—Sei incorreggibile! Dice. Allora, cosa ti **preparo** oggi?

Bea guarda le vaschette nel **bancone** refrigerato. Ci sono molti **gusti** diversi: classici come cioccolato, **fragola**, **pistacchio** e nocciola, ma anche più originali come ricotta e fichi, zafferano e pinoli.

—Mmm, difficile scegliere, dice Bea. Oggi mi sento **avventurosa**. Cosa mi consigli?

---

**contrasto** - contrast

**confortevole** - comfortable

**sorriso** - smile

**coraggiosa** - brave

**preparo** - I prepare

**bancone** - counter

**gusti** - flavors

**fragola** - strawberry

**avventurosa** - adventurous

Chapter 15: Il gelato in inverno

—Abbiamo un nuovo gusto, dice Roberto, indicando una **vaschetta**. **Lampone e zenzero**. L'ho creato ieri. È un po' particolare, fresco ma con un tocco **piccante**.

—Sembra interessante! Esclama Bea. Lo provo volentieri.

—In cono o in **coppetta**? Chiede Roberto.

—Coppetta, per favore. Con questo freddo il cono potrebbe **sciogliersi** troppo in fretta!

Roberto ride della battuta e prepara una coppetta con il gelato al lampone e zenzero.

—E dimmi, perché ti piace tanto il gelato in inverno? Chiede Roberto.

Bea pensa un momento prima di rispondere.

—Non lo so esattamente, dice. Forse perché in inverno il gelato ha un sapore più **intenso**. E poi, quando fuori fa freddo, mangiare qualcosa di fresco è un **piacere** unico.

—Non ci avevo mai pensato così, ammette Roberto, porgendole la coppetta. Hai una filosofia interessante sul gelato!

**vaschetta** - tray

**Lampone e zenzero** - raspberry and ginger

**piccante** - spicy

**coppetta** - small cup

**sciogliersi** - to melt

**intenso** - intense

**piacere** - pleasure

Bea prende il primo **cucchiaino** e assaggia. Il sapore è una sorpresa piacevole: dolce e fresco come il lampone, ma con quel tocco piccante dello zenzero.

—È davvero **delizioso**! Dice con entusiasmo. Lo zenzero è perfetto.

—Sono contento che ti piaccia, dice Roberto con orgoglio. Sto pensando di aggiungerlo al **menu** permanente.

Mentre Bea continua a gustare il suo gelato, la porta della gelateria si apre ed entra una giovane coppia. L'uomo e la donna guardano intorno con **curiosità**, ma sembrano incerti.

—Buongiorno, saluta Roberto. Posso aiutarvi?

—Ehm, cerchiamo un posto per un caffè caldo, dice l'uomo. Fuori fa così freddo...

—Mi dispiace, noi non facciamo caffè, spiega Roberto. Siamo una gelateria.

La coppia si guarda come per dire "Chi viene in una gelateria con questo tempo?"

Bea sorride e interviene nella conversazione.

**cucchiaino** - small spoon

**delizioso** - delicious

**menu** - menu

**curiosità** - curiosity

—Scusate se mi **intrometto**, dice, alzando la sua coppetta. Io sono una cliente **abituale** di questa gelateria, e posso dirvi che il gelato di Roberto è straordinario, anche in inverno. Anzi, **soprattutto** in inverno!

La donna guarda Bea con **scetticismo**.

—Gelato? Con tre gradi?

—Fidatevi di me, dice Bea con convinzione. È un'esperienza unica. Il gelato ha un sapore completamente diverso quando fa freddo. È più cremoso, più ricco.

Roberto sorride, apprezzando l'aiuto di Bea nel convincere i **potenziali** clienti.

—Beatrice ha ragione, aggiunge. E se volete, posso prepararvi dei gusti più "caldi", come cioccolato fondente con cannella, o nocciola e miele.

La coppia si guarda di nuovo, questa volta con più interesse.

—Va bene, proviamo, dice alla fine la donna. Ma solo una **pallina** per uno.

—Perfetto! Dice Roberto, iniziando a preparare i gelati.

Mentre Roberto serve i nuovi clienti, Bea continua a gustare il suo lampone e zenzero. È felice di aver contribuito a far **scoprire** ad altre persone il piacere del gelato invernale.

scoprire - to discover

Dopo qualche minuto, la coppia assaggia i propri gelati e le loro espressioni cambiano completamente.

—Non ci posso credere, dice la donna. È davvero buonissimo! Ha ragione, il sapore è più intenso.

—E mi sento anche più **riscaldata**, aggiunge l'uomo, sorpreso.

riscaldata - warmed up

Bea e Roberto si scambiano un sorriso **complice**.

complice - accomplice

—Ve l'avevo detto! Dice Bea. Il gelato in inverno è una delle piccole gioie della vita che molte persone non scoprono mai.

La coppia ringrazia Bea per il consiglio e Roberto per l'ottimo gelato. Prima di uscire, la donna dice:

—Torneremo sicuramente, anche in inverno!

Quando rimangono soli, Roberto si rivolge a Bea:

—Grazie per aver convinto quei clienti. Non è facile vendere gelato quando fa così freddo.

—È stato un piacere, risponde Bea, finendo la sua coppetta. Mi fa sempre felice condividere le mie **passioni** con altre persone.

**passioni** - passions

—Sai, dice Roberto, ho sempre pensato che fossi un po' strana per questa abitudine del gelato invernale. Ma oggi mi hai fatto riflettere. Forse sono io che ho una visione troppo limitata.

—Il gelato non ha **stagioni**, dice Bea con filosofia. Come l'amore o l'arte, è sempre il momento giusto per apprezzarlo.

**stagioni** - seasons

Roberto annuisce, colpito dalla semplicità di queste parole.

—Hai ragione. E sai cosa? Da oggi in poi terrò la gelateria aperta anche nei giorni più freddi dell'inverno. Chi lo sa, magari ci sono altri **amanti** del gelato invernale come te.

**amanti** - lovers

Bea sorride, contenta di aver ispirato Roberto.

—Sono sicura che ne troverai tanti! Dice.

Prima di andarsene, Bea paga il suo gelato e saluta Roberto.

—Ci vediamo presto, dice. E complimenti ancora per il lampone e zenzero. È perfetto!

—Grazie a te per tutto, risponde Roberto. Sei stata un'ottima **pubblicità** per la gelateria!

**pubblicità** - advertisement

Bea esce dalla gelateria e torna nella strada fredda. Ma ora si sente calda dentro, non solo per il piacere del gelato, ma anche per aver condiviso un momento speciale con Roberto e per aver aiutato quella coppia a scoprire qualcosa di nuovo.

Mentre cammina verso casa, pensa che a volte le tradizioni più belle nascono proprio dal **coraggio** di fare cose che gli altri considerano strane. E il gelato in inverno è una di queste tradizioni personali che la rendono felice.

**coraggio** - courage

Il suo telefono vibra di nuovo. È Marco: "Allora, sei **sopravvissuta** al gelato con 3 gradi?"

**sopravvissuta** - survived

Bea risponde: "Non solo! Ho appena convertito due persone alla causa del gelato invernale. La **rivoluzione** inizia qui!"

**rivoluzione** - revolution

**Vocabolario**

affollate - crowded
stagione - season
freddo - cold
vibrare - to vibrate
quasi - almost
pazza - crazy
prendere in giro - to tease
passione - passion
gelateria - ice cream shop
vetrina - shop window
contrasto - contrast
confortevole - comfortable
sorriso - smile
coraggiosa - brave
preparo - I prepare
bancone - counter
gusti - flavors
fragola - strawberry
avventurosa - adventurous
vaschetta - tray
Lampone e zenzero - raspberry and ginger
piccante - spicy
coppetta - small cup
sciogliersi - to melt
intenso - intense
piacere - pleasure
cucchiaino - small spoon
delizioso - delicious
menu - menu
curiosità - curiosity
intrometto - I butt in
abituale - regular
soprattutto - especially
scetticismo - skepticism
potenziali - potential
pallina - scoop
scoprire - to discover
riscaldata - warmed up
complice - accomplice
passioni - passions
stagioni - seasons
amanti - lovers
pubblicità - advertising
coraggio - courage
sopravvissuta - survived
rivoluzione - revolution

## Riassunto del capitolo

Beatrice, una guida turistica fiorentina di 27 anni, ha l'abitudine di mangiare il gelato anche in inverno, cosa che i suoi amici trovano strana. In una fredda giornata di gennaio, decide di andare nella sua gelateria preferita, "Il Paradiso del Gelato", gestita da Roberto, che la conosce bene e apprezza la sua fedeltà anche nei mesi invernali.

Roberto le propone un nuovo gusto sperimentale, lampone e zenzero, che Bea trova delizioso. Mentre lei sta gustando il gelato, entra una coppia che cercava un posto per un caffè caldo. Bea interviene per convincerli a provare il gelato, spiegando che in inverno ha un sapore più intenso e cremoso.

La coppia, inizialmente scettica, si lascia convincere e rimane piacevolmente sorpresa dal sapore del gelato invernale. Questo episodio ispira Roberto a tenere aperta la gelateria anche nei giorni più freddi, mentre Bea si sente felice di aver condiviso la sua passione e di aver contribuito a far scoprire ad altre persone il piacere del gelato in tutte le stagioni.

## Chapter Summary

Beatrice, a 27-year-old Florentine tour guide, has a habit of eating ice cream even in winter, which her friends find strange. On a cold January day, she decides to go to her favorite ice cream shop, "Il Paradiso del Gelato," run by Roberto, who knows her well and appreciates her loyalty even during the winter months.

Roberto offers her a new experimental flavor, raspberry and ginger, which Bea finds delicious. While she's enjoying her ice cream, a couple enters looking for a place to get hot coffee. Bea intervenes to convince them to get some ice cream, explaining that in winter it has a more intense and creamy flavor.

The couple, initially skeptical, are eventually convinced, and pleasantly surprised by the taste of winter ice cream. This episode inspires Roberto to keep the ice cream shop open even on the colder days, while Bea feels happy to have shared her passion and to have helped other people discover the pleasure of ice cream in all seasons.

**Controllo di comprensione**

1. Che lavoro fa Beatrice?
    a) Gelataio
    b) Guida turistica
    c) Insegnante
    d) Cameriera

2. Quale nuovo gusto le propone Roberto?
    a) Cioccolato e cannella
    b) Nocciola e miele
    c) Lampone e zenzero
    d) Ricotta e fichi

3. Cosa cercava la coppia quando è entrata nella gelateria?
    a) Un gelato particolare
    b) Un posto per un caffè caldo
    c) Indicazioni stradali
    d) Un regalo per un amico

4. Come reagisce la coppia dopo aver assaggiato il gelato?
    a) Non gli piace per niente
    b) Lo trova troppo freddo
    c) È piacevolmente sorpresa
    d) Vuole un rimborso

5. Che decisione prende Roberto dopo questa esperienza?
    a) Chiudere la gelateria in inverno
    b) Cambiare il nome del negozio
    c) Tenere aperto anche nei giorni più freddi
    d) Smettere di fare gelati sperimentali

Risposte: 1-b, 2-c, 3-b, 4-c, 5-c

# Bonuses: English Story Translations + 1,000 most-used Italian Words

**Claim your <u>free</u> downloads:**

**PDF Translations** – Full English translations for <u>every</u> story in the book

**1000 most-used Italian words** – A full list of the most critical Italian words you need to know to feel confident.

Get instant access at: **bonus.MindSmithBooks.com/IT** - or scan this QR code:

# Thanks for reading!

We're grateful you chose to work with one of our books as part of your language-learning mission.

## Would you help us with a review?

If you enjoyed the book, we'd be so grateful you could help us out by leaving a review on Amazon (even a super short one!). Reviews help us so much - in spreading the word, in helping others decide if the book is right for them, and as feedback for our team.

If you'd like to give us any suggestions, need help with something, or to find more books like this, please visit us at **MindSmithBooks.com.**

## Thank you

Thank you so much for picking up this book. We hope you enjoyed it as much as we enjoyed making it.

Thanks again,

The MindSmith Team.

P.S. Don't forget the full alphabetized keyword list and verb tables in the next section.

# A-Z Index of Keywords

Need to quickly look up a word from one of the stories? Here's the full list, in alphabetical order.

| Italian | English |
|---|---|
| a disagio | uneasy |
| a solo | alone |
| a suo agio | at ease |
| a volte | sometimes |
| abbassare | turn down, dim, lower |
| abbastanza | enough |
| abitudine | habit |
| accento | accent |
| accogliente | welcoming |
| accarezza | pets, strokes |
| accessibile | affordable |
| addormenta | falls asleep |
| affascinante | fascinating |
| affitterà | rent out |
| affollato | crowded |
| agente di borsa | stock broker |
| aggiungendo | adding |
| Al tramonto | at sunset |
| alienazione | alienation |
| allegro | cheerful |
| amanti | lovers |
| ambientato | set |
| ambrato | amber-colored |
| amministratore | administrator, manager |
| ammette | admits |
| animale | animal |
| animate | lively, animated |
| annuisce | nods |
| annusa | sniffs |
| antipasti | appetizers |

| | |
|---|---|
| appartenenza | belonging |
| appena sfornati | freshly baked |
| appetitosi | appetizing |
| appositamente | especially |
| apprezza | appreciates |
| apprezzamento | appreciation |
| approfittano | make the most of/take advantage of |
| appuntamento | appointment, date |
| arbitro | referee |
| argomenti | topics |
| aroma | aroma |
| arrugginito | rusty |
| artista | artist |
| assaggiare | to taste |
| atmosfera | atmosphere |
| attento | attentive |
| attesa | expectation |
| attraversare | cross (over) |
| avventura | adventure |
| avventurosa | adventurous |
| avvicinandosi | approaching |
| baffi | mustache |
| bancone | counter |
| bancarelle | stalls |
| bar | café |
| barba | beard |
| barbiere | barber |
| barriera | barrier |
| battute | jokes |
| biglietto | ticket |
| biglietteria | ticket office |
| binario | platform |
| biscotto | cookie, biscuit |
| borsa | bag |
| bottega | shop |
| bottiglia | bottle |

| | |
|---|---|
| bozze | drafts |
| brezza | breeze |
| briciole | crumbs |
| brontolone | grumbler |
| bruschetta | toasted bread with toppings |
| busta | envelope |
| buon appetito | enjoy your meal |
| bussa | knocks |
| caffettiera | coffee pot |
| calare | go down (sun) |
| calorosamente | warmly |
| campagna | countryside |
| campanello | bell |
| canale | canal |
| candita | candied |
| canile | dog shelter |
| canzone | song |
| capanno | shed |
| capello | hat |
| capolavoro | masterpiece |
| cappotto | coat |
| carattere | character |
| carriera | career |
| cartello | sign |
| cartellini | price tags |
| cartoline | postcards |
| cena di famiglia | family dinner |
| cespuglio | bush |
| chantilly | whipped cream |
| chiacchierano tra loro | chatting amongst themselves |
| chiedere | to ask |
| chignon | bun (hairstyle) |
| chiosco | kiosk, stand |
| cioccolato | chocolate |
| cioccolateria | chocolate shop |
| cicale | cicadas |

| | |
|---|---|
| coinquilino | housemate |
| collina | hill |
| colpito | impressed |
| come promesso | as promised |
| commosso | moved, touched |
| comunicazione | communication |
| comunque | anyway |
| con cura | carefully |
| confezione | package |
| confezionati | packaged |
| conflitti | conflicts |
| confortevole | comfortable |
| confusione | confusion |
| confuso | confused |
| connessione | connection |
| consegna | delivers, hands over |
| consiglio | recommend |
| contadino | farmer |
| contrasto | contrast |
| conversazioni mattutine | morning conversations |
| conveniente | affordable |
| convivialità | conviviality |
| coppetta | small cup |
| coraggiosa | brave |
| coraggio | courage |
| cornetti | croissants |
| cortese | polite |
| costa | coast |
| costruito | built |
| cotto | terracotta |
| credenza | dresser |
| cucchiaino | small spoon |
| cucina | kitchen |
| curiosa | curious |
| curiosità | curiosity |
| cuscino | cushion |

| | |
|---|---|
| da solo | alone |
| dare un'occhiata | have a look |
| dehors | outdoor area |
| delizioso | delicious |
| deluso | disappointed |
| denti | teeth |
| di persona | in person |
| diciassette | seventeen |
| difficoltà | difficulties |
| diffidenza | mistrust |
| dimenticato | forgotten |
| disagio | discomfort |
| disdetta | disappointment, misfortune |
| disperdono | disperse |
| dispiaciuto | sorry |
| disposti come gioielli | arranged like jewels |
| distanti | distant |
| distanze | distances |
| disturbo | disturbance |
| diventando | becoming |
| diverte | enjoys, has fun |
| divertente | funny |
| dolce | dessert, sweet |
| drammatiche | dramatic |
| edicola | newspaper stand |
| elettrodomestici | appliances |
| elegante | elegant |
| emozione | emotion |
| emozionato | excited |
| entrambi | both (of them) |
| entusiasmo | enthusiasm |
| erbe selvatiche | wild herbs |
| eredità | inheritance |
| errori | mistakes |
| esatti | exact |
| esitare | hesitate |

| | |
|---|---|
| esperienza | experience |
| esperto | expert |
| espressivi | expressive |
| esplorazione | exploration |
| etichetta | label |
| evento | event |
| farina | flour |
| farsi capire | make oneself understood |
| fascino | charm |
| fastidio | annoyance |
| faticoso | tiring |
| fatto a mano | hand-made |
| felicità | happiness |
| fidanzata | girlfriend |
| figlia | daughter |
| fitta | pang |
| foglie | leaves |
| folla | crowd |
| fotografie | photographs |
| fragola | strawberry |
| freddo | cold |
| fretta | hurry |
| frigorifero | refrigerator |
| frolla | shortcrust pastry |
| fumetti | comic books |
| fungo | mushroom |
| galleria | gallery |
| gara | competition |
| generazioni | generations |
| generosità | generosity |
| genitori | parents |
| gentile | kind |
| gelateria | ice cream shop |
| gestisce | manages |
| ghigno | grin |
| giacca | jacket |

| | |
|---|---|
| gioia | joy |
| gita | trip |
| glassa | icing |
| grammofono | gramophone / record player |
| grattugiata | grating |
| grato | grateful |
| grembiule | apron |
| guai | troubles |
| guida | guide |
| guinzaglio | leash |
| gusti | flavors |
| abitanti | inhabitants |
| immancabile | unmissable |
| imbarazzato | embarrassed |
| impasto | dough |
| impastare | to knead |
| impressione | impression |
| in contanti | in cash |
| incapaci | incapable |
| incerto | uncertain |
| indicazioni | directions |
| indirizzo | address |
| ingressi | entries, admissions |
| ingresso | entrance |
| ingegneria | engineering |
| innamorare | to make fall in love |
| inaspettati | unexpected |
| insegna | sign |
| insegnante | teacher |
| insegnante di canto | singing teacher |
| intenso | intense |
| interessante | interesting |
| intima | intimate |
| intrometto | butting in |
| intruso | intruder |
| inutile | useless |

| | |
|---|---|
| iscriversi | to enroll |
| isolati | blocks |
| istituzione | institution |
| la pulizia | cleaning |
| lamenta | complains |
| lamponi | raspberries |
| Lampone e zenzero | raspberry and ginger |
| lasciarsi | to let oneself |
| Lascia fare | Leave it to me |
| le chiavi | the keys |
| lentamente | slowly |
| lettere | letters |
| lievitazione | leavening |
| limoncello | lemon liqueur |
| luoghi | places |
| lungolago | lakefront |
| magari | perhaps |
| magliette | t-shirts |
| maestoso | majestic |
| malattia | illness |
| malanno | ailment |
| maleducato | rude |
| malinteso | misunderstanding |
| maltempo | bad weather |
| manifesti | posters |
| mantello | cape |
| mappa | map |
| marciapiedi | footpath |
| masseria | farmhouse |
| medicina | medicine |
| menu | menu |
| meringa | meringue |
| mescolare | to mix |
| microfono | microphone |
| migliorare | improve |
| mirtilli | blueberries |

| | |
|---|---|
| Mi serve | I need |
| misterioso | mysterious |
| missione | mission |
| moglie | wife |
| more | blackberries |
| mostrarmi | show me |
| nascosto | hidden |
| nastro | ribbon |
| negozi | shops |
| nemmeno | not even |
| nervosa | nervous |
| nervosismo | nervousness |
| nipote | nephew/grandson |
| nodoso | knotty |
| noleggio | rental |
| noleggiare un pedalò | rent a pedal boat |
| Non vedo l'ora | I'm looking forward to it |
| non ha mai provato prima | never tried before |
| nostalgico | nostalgic |
| notaio | notary |
| notevolmente più basso | notably lower |
| novità | piece of news |
| nutre | nourishes, feeds |
| occhi | eyes |
| occhiali | glasses |
| Ogni | every |
| olfatto | sense of smell |
| onde | waves |
| opere d'arte | works of art |
| ordinato | tidy |
| orgoglio | pride |
| orgoglioso | proud |
| orizzonte | horizon |
| orto | veggie garden |
| osipite | guest |
| osserva | observes |

| | |
|---|---|
| ospitalità | hospitality |
| ospiti | guests |
| ovunque | everywhere |
| pacco | package |
| padella | pan |
| paesi | villages, towns |
| pagamento | payment |
| paglia | straw/hay |
| palco | stage |
| palcoscenico | stage |
| pallido | pale |
| pallina | scoop |
| palo | pole |
| panchina | bench |
| pane | bread |
| panoramica | panoramic |
| partecipante | participant |
| particolare | special |
| partenze | departures |
| passeggiata | walk |
| passione | passion |
| pasticceria | pastry shop |
| pasticcini | pastries |
| pazza | crazy |
| pedalare | to pedal |
| pelle | skin |
| penombra | semi-darkness |
| pennello | brush |
| pensionato | retired |
| pensione | retirement |
| per caso | by chance/by coincidence |
| per fortuna | luckily |
| percorso | route, path |
| perdersi | to get lost |
| perso | lost |
| personaggi | characters |

| | |
|---|---|
| persiane | shutters |
| pescatore | fisherman |
| pezzo | piece |
| piacere | pleasure |
| piano terra | ground floor |
| piatti | dishes |
| piazze | squares |
| piccante | spicy |
| pietre nere | black stones |
| pomodori | tomatoes |
| portafoglio | wallet |
| portando | bringing |
| posate | cutlery |
| potenziali | potential |
| pozzo | pond |
| pranzo | lunch |
| precisamente | precisely |
| preferisce | you prefer |
| prendere in giro | to tease |
| prende appunti | takes notes |
| preoccupano | worry about |
| preoccupare | to worry |
| preparo | I prepare |
| prima domenica | first Sunday |
| principale | main |
| profondità | depth |
| profumata | fragrant |
| profumo | scent, perfume |
| programma | schedule |
| progetti | projects |
| proiezione | screening |
| prologo | prologue |
| proprietario | owner |
| pubblicità | advertising |
| puntuale | punctual, on time |
| Purtroppo | unfortunately |

| | |
|---|---|
| quaderno | notebook |
| qualcosa non va | something's not right |
| quartiere | neighborhood |
| quasi | almost |
| quarta | fourth |
| raggiungere | to reach |
| rallenta | slow down |
| rapito | captivated |
| rassicura | reassures |
| rasoio | razor |
| regalo | gift |
| regista | director |
| regolarmente | regularly |
| relazione | relationship |
| rendo conto | realise |
| restituiscono | return |
| ribollita | Tuscan vegetable and bread soup |
| ricerca | search |
| ricettario | recipe book |
| ricetta | recipe |
| ricordi | memories |
| riempie | fills |
| rifugio | refuge |
| rigore | penalty kick |
| rilassato | relaxed |
| ripieno | filling |
| ripieni | filled |
| risate | laughter |
| riscaldata | warmed up |
| rispetto | respect |
| ristrutturare | renovate |
| ristrutturazioni | renovations |
| riuscita | successful |
| riunione | meeting |
| riviste | magazines |
| rosmarino | rosemary |

| | |
|---|---|
| routine | routine |
| rovinato | ruined |
| rugosa | wrinkled |
| Sagra del Tartufo | Truffle festival |
| salute | cheers |
| saluto | greeting |
| sanno di lago | smell of the lake |
| sapore | flavor |
| sassi | pebbles |
| sbagliato | got (it) wrong |
| sbrigarsi | to hurry |
| scaffali | shelves |
| scadenze | deadlines |
| scale | stairs |
| scambiano | exchange |
| scavare | to dig |
| scelta | choice |
| scende | gets out (of the car) |
| scendere | to go down |
| scetticismo | skepticism |
| scherzo | joke |
| schiena | back |
| scintillante | sparkling |
| sciogliere | melt, dissolve |
| scintillante | sparkling |
| scoprono | to discover |
| scomodità | discomfort |
| scoperta | discovery |
| scoppia a ridere | to burst out laughing |
| scricchiolano | creak |
| sebbene | even if |
| sede | location |
| sedano | celery |
| sedersi | to sit down |
| segno | sign |
| sembra | seems to |

| | |
|---|---|
| severo | strict |
| sforzi | efforts |
| sforzo | effort |
| sfoglia sottile | thin pastry |
| si accomodi | make yourself comfortable |
| si addormenta | falls asleep |
| si rende conto | he realizes |
| si sfideranno | challenge each other |
| sicurezza | safety |
| simboli | symbols |
| simpatici | nice, likeable |
| singolare | unusual |
| sistema | organise / set up |
| situazione | situation |
| soffitto | ceiling |
| soffritto | sautéed mix of onion, carrot, and celery |
| solitario | solitary, loner |
| solita passeggiata | usual walk |
| sollevato | relieved |
| somiglianza | resemblance |
| sopra | above |
| sopravvissuta | survived |
| soprattutto | above all |
| sorpresa | surprise |
| sorriso | smile |
| sorriso gentile | kind smile |
| soddisfatto | satisfied |
| souvenir | souvenirs |
| specchi | mirrors |
| speciale | special |
| specialità | specialties |
| spento | turned off |
| spettacolo | show |
| spettacoli estivi | summer shows |
| spiegazione | explanation |
| spiaggia | beach |

| | |
|---|---|
| sporco | dirty |
| sportello | counter |
| stagione | season |
| stanco | tired |
| stendere | to roll out |
| storia | history |
| straniero | foreigner |
| stress | stress |
| stretta | handshake |
| striscione | banner |
| stupendo | stunning |
| stupito | amazed |
| sui lati | on the sides |
| suoceri | parents-in-law |
| suona | rings |
| tagliare | to cut |
| taglio | cut, haircut |
| tagliatelle | type of pasta |
| tappa | stop |
| tappeto | carpet |
| tartufai | truffle hunters |
| tascuino | notebook |
| teche | display cases |
| tegole | roof tiles |
| tempo | weather |
| terrazza | terrace |
| terreno | land |
| tessera | card |
| tieni | you care/love |
| tifoso | fan |
| tira | pulls |
| togliendo | taking off |
| traduttrice | translator |
| tragedia | tragedy |
| tranquillo | quiet |
| tratta | is about |

| | |
|---|---|
| trave del soffitto | ceiling beam |
| tristezza | sadness |
| trofeo | trophy |
| trovarci | visit us |
| tuffo | dive |
| turistico | touristy |
| ugualmente | equally |
| ulivo | olive tree |
| umore | mood |
| un'avventura | an adventure |
| uvetta | raisins |
| vaschetta | tray |
| veduta | view |
| vetrina | shop window |
| vibrare | to vibrate |
| vicino | neighbor |
| vicino a | close to |
| vintage | vintage |
| viziarlo | to spoil him |
| vocaboli | vocabulary |
| vuoto | empty |
| zaino | backpack |
| zappe | hoes (tool) |
| zii | uncles/aunts |

# Verb Conjugations

In the stories, the keyword translations are shown as-is - not conjugated. But sometimes, it's also useful to know the different conjugations of each verb, as well as its 'infinitive', everyday form.

With that in mind, here's a full, alphabetized list of all the verbs presented in the book, as well as their infinitive conjugations for io, tu, lui/lei/Lei, noi, voi, and loro/Loro (meaning: I, you, he/she/you [formal], we, you [plural], they [informal], they [formal]).

### abbassare - to lower, dim

| | |
|---|---|
| io | abbasso |
| tu | abbassi |
| lui/lei/Lei | abbassa |
| noi | abbassiamo |
| voi | abbassate |
| loro/Loro | abbassano |

### accarezzare - to pet, stroke

| | |
|---|---|
| io | accarezzo |
| tu | accarezzi |
| lui/lei/Lei | accarezza |
| noi | accarezziamo |
| voi | accarezzate |
| loro/Loro | accarezzano |

**addormentarsi - to fall asleep**

| | |
|---|---|
| io | mi addormento |
| tu | ti addormenti |
| lui/lei/Lei | si addormenta |
| noi | ci addormentiamo |
| voi | vi addormentate |
| loro/Loro | si addormentano |

**affittare - to rent out**

| | |
|---|---|
| io | affitto |
| tu | affitti |
| lui/lei/Lei | affitta |
| noi | affittiamo |
| voi | affittate |
| loro/Loro | affittano |

**aggiungere - to add**

| | |
|---|---|
| io | aggiungo |
| tu | aggiungi |
| lui/lei/Lei | aggiunge |
| noi | aggiungiamo |
| voi | aggiungete |
| loro/Loro | aggiungono |

**ammettere - to admit**

| | |
|---|---|
| io | ammetto |
| tu | ammetti |
| lui/lei/Lei | ammette |
| noi | ammettiamo |
| voi | ammettete |

| | |
|---|---|
| loro/Loro | ammettono |

**annuire - to nod**

| | |
|---|---|
| io | annuisco |
| tu | annuisci |
| lui/lei/Lei | annuisce |
| noi | annuiamo |
| voi | annuite |
| loro/Loro | annuiscono |

**annusare - to sniff**

| | |
|---|---|
| io | annuso |
| tu | annusi |
| lui/lei/Lei | annusa |
| noi | annusiamo |
| voi | annusate |
| loro/Loro | annusano |

**apprezzare - to appreciate**

| | |
|---|---|
| io | apprezzo |
| tu | apprezzi |
| lui/lei/Lei | apprezza |
| noi | apprezziamo |
| voi | apprezzate |
| loro/Loro | apprezzano |

**approfittare - to take advantage of**

| | |
|---|---|
| io | approfitto |
| tu | approfitti |
| lui/lei/Lei | approfitta |
| noi | approfittiamo |

| | |
|---|---|
| voi | approfittate |
| loro/Loro | approfittano |

## arrivare - to arrive

| | |
|---|---|
| io | arrivo |
| tu | arrivi |
| lui/lei/Lei | arriva |
| noi | arriviamo |
| voi | arrivate |
| loro/Loro | arrivano |

## assaggiare - to taste

| | |
|---|---|
| io | assaggio |
| tu | assaggi |
| lui/lei/Lei | assaggia |
| noi | assaggiamo |
| voi | assaggiate |
| loro/Loro | assaggiano |

## attraversare - to cross

| | |
|---|---|
| io | attraverso |
| tu | attraversi |
| lui/lei/Lei | attraversa |
| noi | attraversiamo |
| voi | attraversate |
| loro/Loro | attraversano |

## avvicinarsi - to approach

| | |
|---|---|
| io | mi avvicino |
| tu | ti avvicini |
| lui/lei/Lei | si avvicina |

| | |
|---|---|
| noi | ci avviciniamo |
| voi | vi avvicinate |
| loro/Loro | si avvicinano |

### bussare - to knock

| | |
|---|---|
| io | busso |
| tu | bussi |
| lui/lei/Lei | bussa |
| noi | bussiamo |
| voi | bussate |
| loro/Loro | bussano |

### calare - to go down (sun)

| | |
|---|---|
| io | calo |
| tu | cali |
| lui/lei/Lei | cala |
| noi | caliamo |
| voi | calate |
| loro/Loro | calano |

### chiacchierare - to chat

| | |
|---|---|
| io | chiacchiero |
| tu | chiacchieri |
| lui/lei/Lei | chiacchiera |
| noi | chiacchieriamo |
| voi | chiacchierate |
| loro/Loro | chiacchierano |

### chiedere - to ask

| | |
|---|---|
| io | chiedo |
| tu | chiedi |

| | |
|---|---|
| lui/lei/Lei | chiede |
| noi | chiediamo |
| voi | chiedete |
| loro/Loro | chiedono |

### colpire - to impress, strike

| | |
|---|---|
| io | colpisco |
| tu | colpisci |
| lui/lei/Lei | colpisce |
| noi | colpiamo |
| voi | colpite |
| loro/Loro | colpiscono |

### comunicare - to communicate

| | |
|---|---|
| io | comunico |
| tu | comunichi |
| lui/lei/Lei | comunica |
| noi | comunichiamo |
| voi | comunicate |
| loro/Loro | comunicano |

### consegnare - to deliver, hand over

| | |
|---|---|
| io | consegno |
| tu | consegni |
| lui/lei/Lei | consegna |
| noi | consegniamo |
| voi | consegnate |
| loro/Loro | consegnano |

### consigliare - to recommend

| | |
|---|---|
| io | consiglio |

| | |
|---|---|
| tu | consigli |
| lui/lei/Lei | consiglia |
| noi | consigliamo |
| voi | consigliate |
| loro/Loro | consigliano |

**costruire - to build**

| | |
|---|---|
| io | costruisco |
| tu | costruisci |
| lui/lei/Lei | costruisce |
| noi | costruiamo |
| voi | costruite |
| loro/Loro | costruiscono |

**cuocere - to cook**

| | |
|---|---|
| io | cuocio |
| tu | cuoci |
| lui/lei/Lei | cuoce |
| noi | cuociamo |
| voi | cuocete |
| loro/Loro | cuociono |

**dare - to give**

| | |
|---|---|
| io | do |
| tu | dai |
| lui/lei/Lei | dà |
| noi | diamo |
| voi | date |
| loro/Loro | danno |

## dimenticare - to forget

| | |
|---|---|
| io | dimentico |
| tu | dimentichi |
| lui/lei/Lei | dimentica |
| noi | dimentichiamo |
| voi | dimenticate |
| loro/Loro | dimenticano |

## diventare - to become

| | |
|---|---|
| io | divento |
| tu | diventi |
| lui/lei/Lei | diventa |
| noi | diventiamo |
| voi | diventate |
| loro/Loro | diventano |

## divertirsi - to enjoy oneself, have fun

| | |
|---|---|
| io | mi diverto |
| tu | ti diverti |
| lui/lei/Lei | si diverte |
| noi | ci divertiamo |
| voi | vi divertite |
| loro/Loro | si divertono |

## esitare - to hesitate

| | |
|---|---|
| io | esito |
| tu | esiti |
| lui/lei/Lei | esita |
| noi | esitiamo |
| voi | esitate |
| loro/Loro | esitano |

**gestire - to manage**

| | |
|---|---|
| io | gestisco |
| tu | gestisci |
| lui/lei/Lei | gestisce |
| noi | gestiamo |
| voi | gestite |
| loro/Loro | gestiscono |

**impastare - to knead**

| | |
|---|---|
| io | impasto |
| tu | impasti |
| lui/lei/Lei | impasta |
| noi | impastiamo |
| voi | impastate |
| loro/Loro | impastano |

**innamorare - to make fall in love**

| | |
|---|---|
| io | innamoro |
| tu | innamori |
| lui/lei/Lei | innamora |
| noi | innamoriamo |
| voi | innamorate |
| loro/Loro | innamorano |

**insegnare - to teach**

| | |
|---|---|
| io | insegno |
| tu | insegni |
| lui/lei/Lei | insegna |
| noi | insegniamo |
| voi | insegnate |

| | |
|---|---|
| loro/Loro | insegnano |

**intromettere - to butt in**

| | |
|---|---|
| io | mi intrometto |
| tu | ti intrometti |
| lui/lei/Lei | si intromette |
| noi | ci intromettiamo |
| voi | vi intromettete |
| loro/Loro | si intromettono |

**iscriversi - to enroll**

| | |
|---|---|
| io | mi iscrivo |
| tu | ti iscrivi |
| lui/lei/Lei | si iscrive |
| noi | ci iscriviamo |
| voi | vi iscrivete |
| loro/Loro | si iscrivono |

**lamentarsi - to complain**

| | |
|---|---|
| io | mi lamento |
| tu | ti lamenti |
| lui/lei/Lei | si lamenta |
| noi | ci lamentiamo |
| voi | vi lamentate |
| loro/Loro | si lamentano |

**lasciarsi - to let oneself**

| | |
|---|---|
| io | mi lascio |
| tu | ti lasci |
| lui/lei/Lei | si lascia |
| noi | ci lasciamo |

| | |
|---|---|
| voi | vi lasciate |
| loro/Loro | si lasciano |

### mescolare - to mix

| | |
|---|---|
| io | mescolo |
| tu | mescoli |
| lui/lei/Lei | mescola |
| noi | mescoliamo |
| voi | mescolate |
| loro/Loro | mescolano |

### migliorare - to improve

| | |
|---|---|
| io | miglioro |
| tu | migliori |
| lui/lei/Lei | migliora |
| noi | miglioriamo |
| voi | migliorate |
| loro/Loro | migliorano |

### mostrare - to show

| | |
|---|---|
| io | mostro |
| tu | mostri |
| lui/lei/Lei | mostra |
| noi | mostriamo |
| voi | mostrate |
| loro/Loro | mostrano |

### nascondere - to hide

| | |
|---|---|
| io | nascondo |
| tu | nascondi |
| lui/lei/Lei | nasconde |

| | |
|---|---|
| noi | nascondiamo |
| voi | nascondete |
| loro/Loro | nascondono |

**noleggiare - to rent**

| | |
|---|---|
| io | noleggio |
| tu | noleggi |
| lui/lei/Lei | noleggia |
| noi | noleggiamo |
| voi | noleggiate |
| loro/Loro | noleggiano |

**nutrire - to nourish, feed**

| | |
|---|---|
| io | nutro |
| tu | nutri |
| lui/lei/Lei | nutre |
| noi | nutriamo |
| voi | nutrite |
| loro/Loro | nutrono |

**osservare - to observe**

| | |
|---|---|
| io | osservo |
| tu | osservi |
| lui/lei/Lei | osserva |
| noi | osserviamo |
| voi | osservate |
| loro/Loro | osservano |

**pedalare - to pedal**

| | |
|---|---|
| io | pedalo |
| tu | pedali |

| | |
|---|---|
| lui/lei/Lei | pedala |
| noi | pedaliamo |
| voi | pedalate |
| loro/Loro | pedalano |

**perdersi - to get lost**

| | |
|---|---|
| io | mi perdo |
| tu | ti perdi |
| lui/lei/Lei | si perde |
| noi | ci perdiamo |
| voi | vi perdete |
| loro/Loro | si perdono |

**portare - to bring, carry**

| | |
|---|---|
| io | porto |
| tu | porti |
| lui/lei/Lei | porta |
| noi | portiamo |
| voi | portate |
| loro/Loro | portano |

**prendere - to take**

| | |
|---|---|
| io | prendo |
| tu | prendi |
| lui/lei/Lei | prende |
| noi | prendiamo |
| voi | prendete |
| loro/Loro | prendono |

**preoccuparsi - to worry**

| | |
|---|---|
| io | mi preoccupo |

| | |
|---|---|
| tu | ti preoccupi |
| lui/lei/Lei | si preoccupa |
| noi | ci preoccupiamo |
| voi | vi preoccupate |
| loro/Loro | si preoccupano |

**preparare - to prepare**

| | |
|---|---|
| io | preparo |
| tu | prepari |
| lui/lei/Lei | prepara |
| noi | prepariamo |
| voi | preparate |
| loro/Loro | preparano |

**raggiungere - to reach**

| | |
|---|---|
| io | raggiungo |
| tu | raggiungi |
| lui/lei/Lei | raggiunge |
| noi | raggiungiamo |
| voi | raggiungete |
| loro/Loro | raggiungono |

**rallentare - to slow down**

| | |
|---|---|
| io | rallento |
| tu | rallenti |
| lui/lei/Lei | rallenta |
| noi | rallentiamo |
| voi | rallentate |
| loro/Loro | rallentano |

**rassicurare - to reassure**

| | |
|---|---|
| io | rassicuro |
| tu | rassicuri |
| lui/lei/Lei | rassicura |
| noi | rassicuriamo |
| voi | rassicurate |
| loro/Loro | rassicurano |

**rendersi conto - to realize**

| | |
|---|---|
| io | mi rendo conto |
| tu | ti rendi conto |
| lui/lei/Lei | si rende conto |
| noi | ci rendiamo conto |
| voi | vi rendete conto |
| loro/Loro | si rendono conto |

**restituire - to return**

| | |
|---|---|
| io | restituisco |
| tu | restituisci |
| lui/lei/Lei | restituisce |
| noi | restituiamo |
| voi | restituite |
| loro/Loro | restituiscono |

**riempire - to fill**

| | |
|---|---|
| io | riempio |
| tu | riempi |
| lui/lei/Lei | riempie |
| noi | riempiamo |
| voi | riempite |
| loro/Loro | riempiono |

**ristrutturare - to renovate**

| | |
|---|---|
| io | ristruturo |
| tu | ristrutturi |
| lui/lei/Lei | ristruttura |
| noi | ristrutturiamo |
| voi | ristrutturate |
| loro/Loro | ristrutturano |

**salutare - to greet, say goodbye**

| | |
|---|---|
| io | saluto |
| tu | saluti |
| lui/lei/Lei | saluta |
| noi | salutiamo |
| voi | salutate |
| loro/Loro | salutano |

**sapere - to smell of, taste of**

| | |
|---|---|
| io | so |
| tu | sai |
| lui/lei/Lei | sa |
| noi | sappiamo |
| voi | sapete |
| loro/Loro | sanno |

**sbagliare - to get wrong**

| | |
|---|---|
| io | sbaglio |
| tu | sbagli |
| lui/lei/Lei | sbaglia |
| noi | sbagliamo |
| voi | sbagliate |
| loro/Loro | sbagliano |

### sbrigarsi - to hurry

| | |
|---|---|
| io | mi sbrigo |
| tu | ti sbrighi |
| lui/lei/Lei | si sbriga |
| noi | ci sbrighiamo |
| voi | vi sbrigate |
| loro/Loro | si sbrigano |

### scambiare - to exchange

| | |
|---|---|
| io | scambio |
| tu | scambi |
| lui/lei/Lei | scambia |
| noi | scambiamo |
| voi | scambiate |
| loro/Loro | scambiano |

### scavare - to dig

| | |
|---|---|
| io | scavo |
| tu | scavi |
| lui/lei/Lei | scava |
| noi | scaviamo |
| voi | scavate |
| loro/Loro | scavano |

### scendere - to get out, go down

| | |
|---|---|
| io | scendo |
| tu | scendi |
| lui/lei/Lei | scende |
| noi | scendiamo |
| voi | scendete |

| | |
|---|---|
| loro/Loro | scendono |

**sciogliere - to melt, dissolve**

| | |
|---|---|
| io | sciolgo |
| tu | sciogli |
| lui/lei/Lei | scioglie |
| noi | sciogliamo |
| voi | sciogliete |
| loro/Loro | sciolgono |

**scoppiare - to burst out**

| | |
|---|---|
| io | scoppio |
| tu | scoppi |
| lui/lei/Lei | scoppia |
| noi | scoppiamo |
| voi | scoppiate |
| loro/Loro | scoppiano |

**scoprire - to discover**

| | |
|---|---|
| io | scopro |
| tu | scopri |
| lui/lei/Lei | scopre |
| noi | scopriamo |
| voi | scoprite |
| loro/Loro | scoprono |

**scricchiolare - to creak**

| | |
|---|---|
| io | scricchiolo |
| tu | scricchioli |
| lui/lei/Lei | scricchiola |
| noi | scricchioliamo |

| | |
|---|---|
| voi | scricchiolate |
| loro/Loro | scricchiolano |

### sedersi - to sit down

| | |
|---|---|
| io | mi siedo |
| tu | ti siedi |
| lui/lei/Lei | si siede |
| noi | ci sediamo |
| voi | vi sedete |
| loro/Loro | si siedono |

### sembrare - to seem

| | |
|---|---|
| io | sembro |
| tu | sembri |
| lui/lei/Lei | sembra |
| noi | sembriamo |
| voi | sembrate |
| loro/Loro | sembrano |

### sfidare - to challenge

| | |
|---|---|
| io | sfido |
| tu | sfidi |
| lui/lei/Lei | sfida |
| noi | sfidiamo |
| voi | sfidate |
| loro/Loro | sfidano |

### sistemare - to organize, set up

| | |
|---|---|
| io | sistemo |
| tu | sistemi |
| lui/lei/Lei | sistema |

| | |
|---|---|
| noi | sistemiamo |
| voi | sistemate |
| loro/Loro | sistemano |

**sopravvivere - to survive**

| | |
|---|---|
| io | sopravvivo |
| tu | sopravvivi |
| lui/lei/Lei | sopravvive |
| noi | sopravviviamo |
| voi | sopravvivete |
| loro/Loro | sopravvivono |

**spiegare - to explain**

| | |
|---|---|
| io | spiego |
| tu | spieghi |
| lui/lei/Lei | spiega |
| noi | spieghiamo |
| voi | spiegate |
| loro/Loro | spiegano |

**sporcare - to make dirty**

| | |
|---|---|
| io | sporco |
| tu | sporchi |
| lui/lei/Lei | sporca |
| noi | sporchiamo |
| voi | sporcate |
| loro/Loro | sporcano |

**stendere - to roll out**

| | |
|---|---|
| io | stendo |
| tu | stendi |

| | |
|---|---|
| lui/lei/Lei | stende |
| noi | stendiamo |
| voi | stendete |
| loro/Loro | stendono |

**suonare - to ring, play**

| | |
|---|---|
| io | suono |
| tu | suoni |
| lui/lei/Lei | suona |
| noi | suoniamo |
| voi | suonate |
| loro/Loro | suonano |

**tagliare - to cut**

| | |
|---|---|
| io | taglio |
| tu | tagli |
| lui/lei/Lei | taglia |
| noi | tagliamo |
| voi | tagliate |
| loro/Loro | tagliano |

**tagliarsi - to have cut (hair)**

| | |
|---|---|
| io | mi taglio |
| tu | ti tagli |
| lui/lei/Lei | si taglia |
| noi | ci tagliamo |
| voi | vi tagliate |
| loro/Loro | si tagliano |

**tenere - to care, hold**

| | |
|---|---|
| io | tengo |

| | |
|---|---|
| tu | tieni |
| lui/lei/Lei | tiene |
| noi | teniamo |
| voi | tenete |
| loro/Loro | tengono |

**tirare - to pull**

| | |
|---|---|
| io | tiro |
| tu | tiri |
| lui/lei/Lei | tira |
| noi | tiriamo |
| voi | tirate |
| loro/Loro | tirano |

**togliere - to take off**

| | |
|---|---|
| io | tolgo |
| tu | togli |
| lui/lei/Lei | toglie |
| noi | togliamo |
| voi | togliete |
| loro/Loro | tolgono |

**trattare - to be about, deal with**

| | |
|---|---|
| io | tratto |
| tu | tratti |
| lui/lei/Lei | tratta |
| noi | trattiamo |
| voi | trattate |
| loro/Loro | trattano |

**trovare - to visit, find**

| | |
|---|---|
| io | trovo |
| tu | trovi |
| lui/lei/Lei | trova |
| noi | troviamo |
| voi | trovate |
| loro/Loro | trovano |

**vibrare - to vibrate**

| | |
|---|---|
| io | vibro |
| tu | vibri |
| lui/lei/Lei | vibra |
| noi | vibriamo |
| voi | vibrate |
| loro/Loro | vibrano |

**viziare - to spoil**

| | |
|---|---|
| io | vizio |
| tu | vizi |
| lui/lei/Lei | vizia |
| noi | viziamo |
| voi | viziate |
| loro/Loro | viziano |

www.ingramcontent.com/pod-product-compliance
Lightning Source LLC
Chambersburg PA
CBHW071237070526
44583CB00017B/2221